青少年心理自助文库
成功丛书

决 策

淡扫蛾眉朝至尊

方 圆/著

本书专为每一个渴望成功的人而写，
阅读这本书，
你将能在这充满竞争的世界胜人一筹。

中国出版集团　现代出版社

图书在版编目（CIP）数据

决策:淡扫蛾眉朝至尊／方圆著. —北京：现代出版社，2013.11
（青少年心理自助文库）
ISBN 978-7-5143-1842-5

Ⅰ. ①决… Ⅱ. ①方… Ⅲ. ①决策学－青年读物
②决策学－少年读物 Ⅳ. ①C934－49

中国版本图书馆 CIP 数据核字（2013）第 273481 号

作　　者	方　圆
责任编辑	李　鹏
出版发行	现代出版社
通讯地址	北京市安定门外安华里 504 号
邮政编码	100011
电　　话	010－64267325 64245264（传真）
网　　址	www.1980xd.com
电子邮箱	xiandai@cnpitc.com.cn
印　　刷	北京中振源印务有限公司
开　　本	710mm×1000mm　1/16
印　　张	14
版　　次	2019 年 4 月第 2 版　2019 年 4 月第 1 次印刷
书　　号	ISBN 978-7-5143-1842-5
定　　价	39.80 元

P 前言
REFACE

　　为什么当今时代一部分青少年拥有幸福的生活却依然感觉不幸福、不快乐？又怎样才能彻底摆脱日复一日的身心疲惫？怎样才能活得更真实、更快乐？越是在喧嚣和困惑的环境中无所适从，我们越是觉得快乐和宁静是何等的难能可贵。其实，正所谓"心安处即自由乡"，善于调节内心是一种拯救自我的能力。当我们能够对自我有清醒认识、对他人能宽容友善、对生活无限热爱的时候，一个拥有强大的心灵力量的你将会更加自信而乐观地面对一切。

　　青少年是国家的未来和希望。对于青少年的心理健康教育，直接关系着下一代能否健康成长，能否承担起建设和谐社会的重任。作为家庭、学校和社会，不能仅仅重视文化专业知识的教育，还要注重培养孩子们健康的心态和良好的心理素质，从改进教育方法上来真正关心、爱护和尊重他们。如何正确引导青少年走向健康的心理状态，是家庭、学校和社会的共同责任。因为心理自助能够帮助青少年解决心理问题、获得自我成长，最重要之处在于它能够激发青少年自我探索的精神取向。自我探索是对自身的心理状态、思维方式、情绪反应和性格能力等方面的深入觉察。很多科学研究发现，这种觉察和了解本身对于心理问题就具有治疗的作用。此外，通过自我探索，青少年能够看到自己的问题所在，明确在哪些方面需要改善，从而"对症下药"。

　　每个人赤条条来到世间，又赤条条回归"上苍"，都要经历其生老病死和喜怒哀乐的自然规律。然而，善于策划人生的人就成名了、成才了、成功了、富有了，一生过得轰轰烈烈、滋滋润润。不能策划的人就生活得悄无声息、平平淡淡，有些甚至贫穷不堪。甚至是同名同姓、同一个时间出生的人，也仍然不可能有一样的生活道路、一样的前程和运势。

人们过去总是把它归结为命运的安排，生活中现在也有不少人仍然还是这样认为，是上帝的造就。其实，只要认真想一想，再好的命运如果没有个人的主观努力，天上不会掉馅饼，地上也不会长钞票；再坏的命运，只要经过个人不断的努力拼搏，还是可以改变人生道路的。

古往今来，没有策划的人生不是完美的人生，没有策划的人只能是碌碌无为的庸人、畏畏缩缩的小人、浑浑噩噩的闲人。

在社会人群中，2∶8 规律始终存在，22% 的人掌握着 78% 的财富，而 78% 的人只有 22% 的财富，在这 22% 的成功人士中，几乎可以说都是经过策划才成名、成才、成功的。

策划的人生由于有目标有计划，因而在其人生的过程中是充实的、刺激的、完美的、幸福的。策划可以使人兴奋，策划可以使人激动，策划可以使人上进。

本丛书从心理问题的普遍性着手，分别描述了性格、情绪、压力、意志、人际交往、异常行为等方面容易出现的一些心理问题，并提出了具体实用的应对策略，以帮助青少年读者驱散心灵的阴霾，科学调适身心，实现心理自助。

本丛书是你化解烦恼的心灵修养课，可以给你增加快乐的心理自助术。

本丛书会让你认识到：掌控心理，方能掌控世界；改变自己，才能改变一切。

本丛书还将告诉你：只有实现积极心理自助，才能收获快乐人生。

C目 录
ONTENTS

第四篇　不会创新就要挨打

第五篇　目标合理决策才可行

决策

JUE CE DAN SAO E MEI CHAO ZHI ZUN

——淡扫蛾眉朝至尊

第一篇

好的决策是成功的一半

一个人无论是从政还是经商，最重要的事莫过于决策了。小到一个大学生选择什么行业就业，一个创业者选择什么项目起步，大到一个国家领导人制定大政方针，其决策的正确与否，直接关系到事业的成败。古往今来，没有策划的人生不是完美的人生，没有策划的人只能是碌碌无为的庸人，猥猥琐琐的小人，浑浑噩噩的闲人。策划的人生由于有目标有计划，因而在其人生的过程中是充实的，刺激的，完美的，幸福的。策划可以使人兴奋，策划可以使人激动，策划可以使人上进。

田忌赛马的决策之道

　　话说 2300 多年以前的战国时代，我国中原大地上正值两个大诸侯国齐、魏争霸，其他各小诸侯国也交战不断。新兴地主阶级的贵族们暗地里都在广招贤才以为自己日后图谋霸业而积累人力资源。因为被同门师弟陷害而在魏国遭剜去两个膝盖骨的齐国人孙膑经过一番磨难后回到了齐国，并因他的才智很快见到齐国大将田忌。田忌十分赏识孙膑的才干，便将他留在府中，以接待上宾的礼节殷勤加以款待。

　　这位田忌将军很喜欢赛马，却经常输掉比赛，每次都搞得自己甚为不爽。这期间发生了一件事，司马迁老先生在《史记》之《孙子吴起列传》中是这么描写的：

　　忌数与齐诸公子驰逐重射。孙子见其马足不甚相远，马有上、中、下辈。于是孙子谓田忌曰："君弟重射，臣能令君胜。"田忌信然之，与王及诸公子逐射千金。及临质，孙子曰："今以君之下驷与彼上驷，取君上驷与彼中驷，取君中驷与彼下驷。"既驰三辈毕，而田忌一不胜而再胜，卒得王千金。于是忌进孙子于威王。威王问兵法，遂以为师。

　　对于 2300 多年前的事情，我们也实在看不真切了，要不咱穿越一下历史，来演绎一下这个故事，大概是这样的。

　　田忌将军在齐国周边无战事的时候，喜欢和达官贵人及诸位公子们赛马，每次赌注都很大。他们一般是三局两胜，而且他们习惯把各自的赛马依据实力大小分成上、中、下三个等级。有一次，齐国国君威王心情甚好，便和田忌约定好在一个风和日丽的日子进行一场赛马比赛。比赛的时候，或许由于"我的马肯定比你的强"这种心思的存在，反正没人多想什么，田忌和齐威王依然还是采取"上马对上马，中马对中马，下马对下马"的策略。但是人家齐威王毕竟是一国之君啊，马厩里的马都不是等闲之辈，结果齐威王手下每个等级的马都比田忌手下相应等级的马要强一点，所以三局之后，田忌败了。但是他心有不甘，心想，这怎么可能呢，我的马也是到处征集来的宝马良驹啊，所以继续坚持了若干回合，可是比赛结果依旧。田忌觉得很扫兴，垂头丧气地站起身来，正打算向齐威王请奏这场比赛到此结束呢，突然感觉身后有人拉了他的袍子一把，田忌回头一看，侍从指了指在自己队伍中观看比赛的门客孙膑，并说孙膑让他告诉将军，他有办法可以挽回败局。

　　孙膑来到前面悄悄地对田忌说："老大，我刚才看了赛马，齐威王他老人家的马比咱的马也快不了多少。"孙膑这边没有说完，田忌就瞪了他一眼："你什么意思啊？看我不顺，这时还来挖苦我不成！"孙膑不急不慢地说："天地良心啊，我是说如果你愿意再同他老人家赛一次，我有办法准能让你赢了他，连本带利地捞回来。"田忌疑惑地看着孙膑："你是说另换一匹马来？可是我马厩里的马都还赶不上这三匹呢！"孙膑轻声地说："咱连一匹马也不需要换，我愿意立下军令状，如果按照我的办法，我保证让咱们赢得这场比赛。"田忌毫无信心但又心有不甘地说："好，你去安排吧。"

　　齐威王屡战屡胜，正在得意扬扬地夸耀自己的赛马神勇的时候，看见田忌离席走上前来，便说："田将军，怎么啦，你服不服气啊？"田忌说："君上，您的马神勇臣很是佩服，也很羡慕，但是我想孤注一掷和您再赛一次！"并转身让侍从把后面的1000两黄铜全拿上来，作为他下的赌钱。齐威王一看，心里暗暗好笑，心想："这家伙咋回事啊，输急了还是疯了啊？"但是也不能丢了自己的形象啊，于是吩咐手下，把赢得的黄铜收拾一下，又加上1000两黄铜，也放在桌子上。双方准备就绪之后，一声锣响，比赛

开始了。这次,按照孙膑的策略,田忌这方先以下等马对齐威王的上等马,田忌毫无悬念地输了第一局。齐威王站起来哈哈大笑,心想田忌这家伙真疯了。在接着进行的第二局比赛中,孙膑拿上等马对齐威王的中等马,最后险胜了一局。齐威王开始有点慌了。第三局比赛中,孙膑拿中等马对齐威王的下等马,这次以微弱优势又获胜一局。这下,齐威王目瞪口呆了。根据三局两胜的赛制,这场比赛是田忌赢了。尽管齐威王还不明就里呢,但是田忌却明白了:还是同样的马匹,由于孙膑调换一下比赛的出场顺序,就得到转败为胜的结果。不禁暗暗地说:"孙膑,高!你小子的这个决策够厉害!"其后,当齐威王了解了该赛事的缘由之后,便对孙膑刮目相看,并任命他为齐国军师。

我们来分析一下这个赛马的故事:齐威王有上、中、下三匹马,假设分别拥有 10、8、6 个小宇宙的能量;田忌也有上、中、下三匹马,假设分别拥有 9、7、5 个小宇宙的能量。由于每次只能一匹马对一匹马,那么齐威王和田忌就必须在第一局中各自派出一匹马,第二局中就要在剩下的两匹马中各自再派出一匹马,最后各自剩下的一匹马来决战第三局。这个在比赛过程是很清楚的。

我们把双方的部署称之为策略,那么齐威王有 3 种策略可以选择,田忌也有 3 种策略可以选择。这样一来,3 乘以 3 就等于 9,一共可以构成 9 种策略组合,或者说 9 种可能的对局。

很显然,如果采取传统的"上马对上马,中马对中马,下马对下马"的策略,两方都按既定的思路出战。就比如说,当田忌在第一局派出上等马时,齐威王也派出上等马,那么两强相争必有一番看点,两匹宝马良驹在赛道上如风驶过,但是毕竟人家作为一国之君所养的马怎么都会好一点吧。就这样,田忌输掉了第一局。第二和第三局也是如此,没有什么悬念。所以呢,三局下来,田忌会输掉比赛,因为田忌每一等级赛马的小宇宙能量都比齐威王相应等级赛马的小宇宙能量要弱。

田忌其实并不知道这个可能的结果,因为他没有发现他的三匹马和齐威王的三匹马之间的实力相差不大，或者即使他发现了这一点，也没有想过可以变通一下赛马对局的策略。

然而，孙膑发现了。他首先发现田忌的三匹马和齐威王的三匹马之间的实力相差不大，然后在心里默默地分析了一下，就已经觉察到，其实田忌并不是总那么倒霉的，他要保证通过以"上马对中马，中马对下马"的策略赢得两局，那么就要同时实施以"下马对上马"这个看似愚蠢的策略。结果，这轮比赛就成了流传两千多年的经典故事——田忌赛马。

这个故事说明，**虽然整体实力大小不如对手，既有策略下的结果也明显不利于自己，但是一样可以获得胜局，问题的关键就在于改变对局的策略。**这靠的是什么呢？既然我们不能改变现有的实力，那就只有靠我们的智慧了，这才是决策之道——策略思维。

心灵悄悄话

> 还记得听过一句歌词：有梦想就了不起。梦想就是目标，就是决策、选择的方向，她是指引年轻人决策的方向。记得在一部著名的电视剧中听到一句话：不抛弃、不放弃。这是一个团队的精神、文化，是对待任何事物发展中遇到的困难和数不清的变数时，所应具有和采取的正向思维的态度，这是在实现梦想、达成目标的过程中的决定性因素。

决策即是博弈

我们中国古语有云，世事如棋。生活中我们每个人如同运盘执子的棋手，每一个行为就如同在一张看不见的棋盘上布一个棋子，精明慎重的棋手们相互揣摩、相互牵制，人人争赢，下出诸多精彩纷呈、变化多端的棋局。博弈论是研究棋手们"出棋"招数中理性化、逻辑化的部分，并将其系统化为一门学科。

换句话说，就是研究经济社会中的行为个体如何在错综复杂的相互影响中得出最合理的策略。事实上，博弈论正是衍生于古老的游戏或者博弈，如象棋、围棋等。

数学家们将具体的问题抽象化，通过建立完备的逻辑框架、体系研究其规律及变化。这可不是件容易的事情，以最简单的两个人对弈为例，稍想一下便知此中大有玄妙：若假设双方都精确地记得自己和对手的每一步棋且都是最"理性"的棋手，甲出子的时候，为了赢棋，得仔细考虑乙的想法，而乙出子时也得考虑甲的想法，所以甲还得想到乙在想他的想法，乙当然也知道甲想到了他在想甲的想法……

说到这里，各位就明白了，这不就是我们日常生活中所玩的"石头、剪刀、布"游戏吗？我们大家平常进行的象棋、围棋、扑克和麻将等活动，原来都是在博弈啊！是的，其实博弈论思想古已有之，除了前面这个田忌赛马的故事外，我国古代由孙武所撰的《孙子兵法》就不仅是一部军事著作，而且说起来也算是最早的一部充盈着博弈思想的著作，其除了在军事上具有指导意义外，还在经济、政治等众多有类似"策略互动"情形的领域中有一定的借鉴作用。

也就是说,在具有竞争或对抗性质的行为中,参加斗争或竞争的各方各自具有不同的目标或利益。为了达到各自的目标和利益,各方必须考虑对手各种可能的行动方案,并力图选取对自己最为有利或最为合理的方案。

博弈论就是研究博弈行为中斗争各方是否存在着最合理的行为方案,以及如何找到这个合理的行为方案的数学理论和方法。

如果下个定义的话,博弈论(Game Theory)是指研究多个个体或团队之间在特定条件制约下的对局中,利用相关方的策略而实施对应策略的学科。

诺贝尔经济学奖在这么短的时间内多次频繁光顾博弈论领域,彰显了博弈论在经济学中的重要地位。现在,经济学越来越转向人与人关系的研究,特别是人与人之间行为的相互影响和相互作用,人与人之间利益和冲突、竞争与合作,而这正是博弈论的研究对象。

博弈论是在追求个体利益最大化的前提下,研究博弈方策略相互依存的最佳决策模式。经济学的研究思路是在给定约束条件下,个体如何取得最大效用的最佳行为模式。两者研究模式的统一,使得博弈论成为研究经济学的最佳分析方法和工具之一。以至于博弈论的影响已经遍及产业组织理论、契约设计理论、政府规制理论等诸多方面,为研究各种经济现象开辟了全新视野。

现在,随着社会各种媒体的狂轰滥炸,人们对博弈论中的一些术语已经耳熟能详。博弈论也就开始变得大众化起来,不再是仅为少数研究者束之高阁了。

翻开报纸,"百事员工罢工不是维权是博弈""楼市调控预期多方博弈""小企业如何与大客户博弈""房企博弈银行:剪不断,理还乱"……各种利用博弈字眼或者体现博弈思想的文章层出不穷,就连我们日常社交活动、经营管理活动等也不时被"博弈"两个字充盈着。这就说明博弈论的思维方式已经逐渐走入了我们寻常的生活。

的确,我们应该了解并掌握一些关于博弈论的技巧,著名经济学大

师、美国第一个诺贝尔经济学奖获得者保罗·萨缪尔森（Paul Samuelson）这样告诉我们：**要想在现代社会做一个有文化的人，你必须对博弈论有一个大致的了解。**所以，博弈，不仅体现着我们的智慧，也不仅是表达了我们处世的方法，更已经成为一种我们生存的方式。因为博弈就需要做出决策，而决策就决定了输赢。博弈如斯，人生如斯！

心灵悄悄话

人生有数不清的选择，每一次选择就是一次决策，这就意味着达成梦想的过程不是短暂的，而是一个长期的过程，是一个不断纠错及调整自己所做的事情和做事方法的过程。

谁能借你一双慧眼

德国管理大师皮尔杰曼说:"**决策分析是任何决策者走上正路的指南针。**"作为企业领导就要制定决策,对于一些重要的决策则需要依据数字和统计表来加以分析,从而制定出正确的决策。

决策分析技术是领导者不可缺少的管理技巧。作为企业领导,应该比下属多一个"分析的脑袋",以便把决策分析合理化。这就如同一个人要做好事,不能光靠蛮干,还必须能够观察周围的情况,为自己的行为找到合理的根据。

企业主管的大脑应该比下属聪明十倍,才能指挥下属做出几十倍的活儿。决策之道也是这样。也就是说,你的大脑应该有高于下属十倍的决策分析能力,才能掌握决策方向。没有分析问题的能力,眼前可能到处是沟沟坎坎,难以把握明确的目标。

决策分析的用途非常广泛,这是因为自从 1906 年管理界采用这个技术以来,它一直深受工商各界的信任与欢迎。总的来说,决策分析的运用范围包括有关产品发展的决定、生产设备规模与位置的决定、物价的议定、外销发展以及其他各种财务管理问题的解决。

领导者如果想在许多复杂并且未来效果不确定的行动方案中做出选择,这些行动方案的效果通常要视其施行的决策,而唯一可以借用的手段,就是决策分析了。

决策分析是一种能适应权变理论的系统方法,它不仅适用于简单易行的模型,而且适用于非常复杂、需要定量分析的模型。

在美国,决策分析使用得相当广泛。最近 10 年中,美国工商业机构

的中上层主管对决策分析的运用,都有相当深刻的认识。据统计,在全美500家大企业当中,就有1/3用决策分析作为规划政策或策略的主要手段。

这里可以举一个例子来证明:

福特汽车公司在其发展的三个阶段中,三个高级主管在决定三个不同阶段的经营策略时,不约而同地运用过系统分析方法。第一位运用决策分析废弃了篷式轿车的生产;第二位运用决策分析来估计生产企业的可行性;第三位则运用决策分析调整了拖拉机的价格。

从管理发展趋势看,利用"多属性效能"的技术来处理一些高度不定性的问题已经成为不可逆转的趋势,而决策分析恰好适应了这股潮流。

在运用决策分析的过程中,人们发现,运用决策分析对于建立领导的独立思考能力是一项最佳的训练方式。这是因为决策分析有多种用途,它的技术已成为管理上不可缺少的一部分;领导者在使用决策分析技术之前,必须具备使用决策分析模型的知识,这就是它的唯一缺点;如今是知识爆炸的时代,领导者不可因为这一微不足道的缺点而摒弃决策分析的技术。

缺少决策分析的决策将是不可靠的,甚至是盲目的。

心灵悄悄话

"千里之行,始于足下",这句古语告诉我们一个道理:面对目标,要一个脚印一个脚印地走,论语中的"过,则勿惮改",则告诉我们有了错误,不要怕改正,我们每项进步,本质上就是改正了一次错误,而且我们不会被一块石头绊倒两次。

策划决定人生

每个人赤条条来到世间，又赤条条回归"上苍"，都要经历其生老病死和喜怒哀乐的自然规律。然而，善于策划的人就成名了，成才了，成功了，富有了，一生过得轰轰烈烈，滋滋润润。不能策划的人就生活得悄无声息，平平淡淡，有些甚至贫穷不堪。甚至是同名同姓同一个时间出生的人，也仍然不可能有一样的生活道路，一样的前程和运势。

人们过去总是把它归结为命运的安排，生活中现在也还有不少的人仍然这样认为，是上帝的造就。其实，只要认真想一想，再好的命运如果没有个人的主观努力，天上不会掉馅饼，地上也不会长钞票。再坏的命运，只要经过个人不断的努力拼搏，还是可以改变人生道路的。

古往今来，没有策划的人生不是完美的人生，没有策划的人只能是碌碌无为的庸人、猥猥琐琐的小人、浑浑噩噩的闲人。

在社会人群中，2∶8规律始终存在，22%的人掌握着78%的财富，而78%的人只有22%的财富，在这22%的成功人士中，几乎可以说都是经过策划才成名的，成才的，成功的。

策划的人生由于有目标有计划，因而在其人生的过程中是充实的，刺激的，完美的，幸福的。策划可以使人兴奋，策划可以使人激动，策划可以使人上进。

古今中外，无数成功的人生策划都说明了这个永恒的真理——成功的人生是策划的人生。现实生活中，如果有人说此前的"百万年薪请女总"是炒作的话，那么，我们策划的"德先科技百万年薪请女总"，的的确确成为现实，真真正正提高了这位女总的知名度和美誉度。

德先科技百万年薪聘老总，而且是位女老总。其成功地聘请和应聘，在四川乃至全国引起了巨大的反响，其影响并不亚于当年的 TCL 重金聘请吴仕宏。由于 TCL 是著名的企业，吴仕宏也是著名的白领。两者之间走到一起，无疑对业界，对大众来说都是一个非常抢眼的新闻。我们策划德先科技百万年薪聘老总，相对前者来说就有两个不利条件：一是德先科技并不出名；二是女老总在这之前名声也不大。因此，需要对德先科技和女老总进行一个简单的介绍。

德先科技是在成都太升路崛起的一家本土企业，是靠经营通信产品发展起来的民营企业。历经几年的发展，达到一定的规模以后，公司选择了一个新的具有可持续发展的主导产业——移动电源。全面解决人们在移动中的手机、摄录机、笔记本电脑等电子产品的供电问题。由于移动电源属于消耗性产品，市场前景非常看好，但要全面拓展市场，没有重量级的人物肯定不行。

基于此，德先科技的董事长赵武先生可以说是求贤若渴。而这一事件的主人公张弛女士，是从四川日报走出来的资深公关经理人，十多年的公关经历，不仅锻炼出了高超的市场营销策划能力，而且积累了非常丰富的社会资源。

著名的南剑啤酒和托普电脑就是经过她之手策划运作成功的。还有曾经震动业界的摩托罗拉城也是她的公司成功运作出名的。如果她能加盟德先科技，肯定能够把移动电源这个新兴的产业做大做强。赵武先生诚挚地发出了邀请以后，张弛女士也陷入了深思。

当然，在这个过程中，德先科技的董事长赵武先生与女老总张弛有过多次接触，虽然两人在德先科技这个平台的搭建和企业开发的产品以及企业发展的方向等方面都达成了共识。但真正要走到一起，为了一个崭新的产业和一个崭新的目标而奋斗，还不是那么容易。

这里，就非常需要策划人的推波助澜，非常需要策划人的超常策划了。而且要通过这个策划达到两个目的：一是提高德先科技的知名度和美誉度，二是提高女老总的知名度和美誉度。为此，我们首先找准共同点——打造移动电源研发基地和系列产品，提供移动电源的全面解决方案。这样一个巨大的事业，是完全能够吸引有识之士加盟发展的。按照一般的惯例，好的事业是一定会吸引好的人才为之奋斗的。这也就是我们平常所说的事业吸引人才，事业留住人才。有了这个前提，还必须在薪酬、待遇等具体问题上予以倾斜，才有可能吸引高素质的人才。因为基本的薪酬待遇也是一个人自身价值的体现。针对张弛女士以前的情况，她自己就开了两家公司，是中国最早做公关的职业经理人，每年的个人收入也不低，仅仅以一般的高薪肯定是请不动的。当然，除了事业能够吸引人以外，薪酬待遇也是关键的问题，而一旦进入关键的实质问题，就不好深入了。

在这个非常关键的时刻，作为策划人，我们没有正面要求德先科技的董事长怎么做，而是向他讲述了一个平常人的比较平常的故事——"送礼有学问"。也许我们在日常生活中都有这样的经历，要向别人表达某种意思，或者达到什么目的，去向别人送礼，礼轻了不被重视，礼重了又送不起，送礼的时间也非常重要，平时无缘无故，没有理由送礼，所以大多数选择在被送礼的主人生病、过节、祝寿等有名义的时机去送，送得名正言顺，收得心安理得。这也就是目前民间流传的"一届清县官，百万人民币"。当然，如果送礼不当，时机不当，还会适得其反。策划人讲的一个真实的故事是这样的——

有位姓罗的先生，在 90 年代初期，跟一帮朋友去参加一位派出所所长的生日晚餐，当时，几乎所有来宾都礼节性地送上了 200 元左右的礼品，而与派出所所长只有一面之交的罗先生心想，如果自己也这样送的话，与那些朋友没有什么区别，也起不到什么作用，不如送重一点，于是就将自己身上所有的 2000 元现金作为红包送上。谁知，竟成了当时最重的礼品，受到了主人的高度器重，在当晚的生日晚会上，所有朋友围着所长

转,而所长又围着罗先生转,罗先生成了当夜最隆重的嘉宾。事后还被主人回赠了大量礼品,远远超过了罗先生送出的礼金。他从此也与所长成为好朋友。

自然,故事讲完,德先科技的董事长赵武先生说,我知道该怎么做了。当即采纳策划人的意见,决定用"百万年薪"请位女老总。

接下来的事情就顺理成章了,德先科技在"百万年薪"请老总的概念下,迎合四川省实施的将人才资源转化为人才资本战略,向媒体发布了这个消息以后,得到了几十家媒体的宣传报道。真正达到了提高德先科技和女老总的知名度与美誉度的双重目的,使其研制的移动电源迅速走向市场,畅销全国。

无独有偶,2004 年 2 月 6 日,在深圳市属国有企业改革与发展工作会议上,深圳市副市长张思平透露:深圳市将用百万年薪在全球公聘国企老总。其中包括深圳水务集团、公交集团、赛格集团、天健集团在内的 4 家大型国企总经理职位,并在 2004 年上半年实行国内外公开招聘。根据 2004 年刚实施的《深圳市属国有企业建立经营者长效激励机制的指导意见(试行)》,这 4 家大型国企总经理可以享受增值奖股、直接购股、虚拟股份、分红权、股份期权及其他长效激励 6 种激励方式,其薪酬待遇超过 100 万元。

心灵悄悄话

人生的决策意味着要考虑三项因素:首要的就是人生的态度,面对问题和困难时正向思维的态度;其次就是梦想,即目标的明确性,最好是 SMART 型;最后就是要有达成梦想、实现目标的长远规划,一个学习和实践的规划。

策划并不神秘

当今中国,凡是说到策划,有人夸夸其谈,有人不以为然。有人自诩为策划家,有人却避而远之,唯独不愿与策划沾边。有人把策划捧上神坛,就像前几年的点子一样,一个点子拯救一个企业,一个点子带来巨大财富等等之类的神话,在中国大地到处传说。

今天的策划不仅仅是当年点子的升级版。但是,的确有许多成功的策划在我们身边发生;有很多的策划公司或者策划人真正策划到了不少的财富。

那些动辄上万元、几十万元甚至几百万元的策划案例就实实在在出现在社会的各个领域;不少的策划大师也像歌星一样与人谈钱论价;比如叶茂中先生,目前的出场价就是三个小时的演讲需要酬劳 3.75 万元,完全依照歌星、影星的模式,按公司的运作方式在操作。一旦策划成功以后,许多羡慕的眼光,评论的言论又大量出现。

然而,认真考究起来,许多著名的策划案例就是一般的人做出来的,也就是我们身边平常很不起眼的人做出来的。也许有很多知名的策划人还不如自己高明,为什么别人就可以策划,自己就不行? 实际上,我们自己也是行的,也是能够策划的,策划不是天生就会的,策划也是通过学习——实践——再学习——再实践,在实践的过程中逐步完善的,逐渐成功的。

策划,虽然不很高明,却是在特定的时间,运用特定的手段整合了特定的资源,达到了特别的效果。

类似这样的事例在今天就非常普遍了,比如蔓延各地的无节造节运动,此起彼伏的选美比赛,你方唱罢我登场的产品营销,在冠冕堂皇的新闻宣传的背后,无一不是策划的杰作。

说到底——策划并不神秘。

心灵悄悄话 ✳

✳ ✳

　　决策者的从众心理,主要是在群体的真实或臆想的压力下,引起心理和行为的改变,这种心理注注表现为盲目追风赶浪。他们不敢拟订和选择有自己想法的方案,总是跟在别人后面,一味地盲从、模仿、抄袭。

第二篇

决策避免过度自信

作决策的另一个特征是自信——相信自己做出的决定是正确的；无论做出决策是迅速还是缓慢，这一点看起来同样适用。自信固然是好，但是过度的自信却会严重影响决策的正确性。

过度自信会使人高估自己的知识，夸大自己控制事件的能力，从而低估可能产生的风险，并因决策误差而造成更大的风险。当成功的时候，人们往往相信这是来源于自己的能力；当失败时，又往往把失败归咎于运气、环境或者他人。这种偏见与误区会导致人们对自己的能力与知识过于自信，从而影响决策。

决策，首先打破过度自信

作为管理者，每一天我们都会面临着很多决策。由于我们缺乏一些基本的决策方面的培训和训练，我们的决策通常会出现很多问题，比如过分依靠自己和经验、习惯于选择自己熟悉的领域、对风险视而不见或者高估风险、决策的时候不能很好地控制自己的情绪等。这些问题严重影响了我们决策的成功。但是，人们在决策的时候最容易出的问题就是过度自信。

在判断和决策的时候，没有什么比过度自信更普遍，也更富有潜在的灾难性。

我们可以回想一下，当我们被要求回答某件事情发生的正确概率，我们是不是都会倾向于极度乐观。

我们做营销策划的时候，会高估产品的市场占有率；投资项目的时候，会低估项目的成本和项目完成期限；做投资组合设计的时候，会高估其投资收益。研究发现，当人们65%～70%确信自己的答案时，实际上只有50%的可信度。当人们100%确信时，其实只有70%～80%的可信度。

人们普遍存在过度自信，对于管理者来说，过度自信尤其严重。99%以上的管理人员都高估了自己的经营能力和企业的赢利能力。有研究发现，企业家常常高估其投资项目成功的可能性。

过度自信倾向几乎影响了每一个人，约翰逊的过度自信造成了美国20世纪60年代陷入了越南战争的泥潭，尼克·里森的过度自信造成了百年巴林银行的倒闭。可以说过度自信的倾向是人类理性决策的最大敌人。

不做过度自信的决策者

当决策者满怀信心时，是否就一定能作出准确的决策？或是当他作出准确的判断时，是否同样满怀信心？许多老板喜欢问业务经理下一季度业绩达成的可能性，多数的人会回答说他们有九成的信心可以达成业绩目标。但是这样的回答便是落入了"过度自信"的陷阱。

为什么我们会过度自信呢？

第一，我们习惯极不现实地看待自己，又不现实地看待与他人相关的自己的未来。

第二，我们幼稚地认为可以控制随机事件，相信我们完全能够控制我们自己的命运。

第三，受限于我们自身有限的想象事件所有可能发展方向的能力。我们无法认识到在多少种情形中我们是错误的。

第四，我们总是倾向于为自己所认定的理由开始搜寻各种支持证据。我们常常带着一种内在的偏好来开始寻找选择对象，然后尽力寻找支持这一偏好的信息，而不是寻找相悖的证据。

第五，我们不能客观地评价过去的决策纪录。我们有选择地评估过去的决策，只记得成功，不记得失败。

那么如何在决策的时候避免过度自信呢？

首先，我们要意识到这样一个问题，每个人在决策的时候都有可能过度自信，我们应该开始寻找自己过度自信的迹象。要努力寻找相反的证据来证明你的预测可能有问题。

其次，在这个过程中我们最好借助于他人的意见，请他人提出相反的

意见,来帮助我们发现决策的问题所在。

最后,当我们考虑的问题超出专业范畴之外的时候,我们更应该小心,我们需要收集更多的相关信息来为我们的决策提供支撑。

心灵悄悄话

一个真正有作为的决策者,如果自己真的具有强烈的事业心和高度的责任感,就能产生追求真理、捍卫真理的勇气,从而在决策时不计个人得失,敢于负责,不盲从于众人的压力和权威的压力,坚持独立思考,做出独创的决策。

过度自信会造成严重后果

过度自信会使人高估自己的知识，夸大自己控制事件的能力，从而低估可能产生的风险，并因决策误差而造成更大的风险。

企业家普遍相信自己的能力高于其竞争对手，这种对自己能力的过度自信导致企业家过多地进入商业竞争。

日本的雅马哈公司就是在没有经过充分的力量对比的情况下，贸然向本田公司发起进攻，最后导致重大损失。

20世纪70年代末80年代初，雅马哈摩托车公司进入了自己的黄金时代。经过几十年的辛勤耕耘，雅马哈摩托以其快速、便捷、优质的信誉赢得了广大市场。

随着自身实力的增强，雅马哈摩托车公司也越来越按捺不住想做世界同业最强者的心愿。于是它向当时的行业老大——日本本田公司发起了挑战。这就是当时举世瞩目的雅马哈与本田的王位之争。这场决斗曾震动整个实业界，两家公司斗得天昏地暗，被后人评论为"近代日本工业领域中最残酷的一次商战"。

在介绍这一商战之前，让我们先了解一下日本当时摩托车行业的大致状况。

20世纪50年代以来，日本的摩托车行业开始进入群雄争霸的时代。最初的行业霸主是东菱公司。进入60年代以后，本田经过苦心经营，实

力日益壮大。它想尽一切办法来扩大市场占有率,并将所有盈利用于再投资。到 1964 年,本田公司终于将东菱赶出了世界摩托车市场,一跃成为摩托车行业的领导厂商。从此,本田公司不断发展,实力也越来越超群,迈进了自己的黄金年代。

到了 70 年代,日本的摩托车市场基本上是四分天下,依次是本田公司、雅马哈公司、铃木公司和川崎公司。其中本田在日本本土的占有率高达 85%,稳居头把交椅。

就在 60 年代末和 70 年代初,伴随着经济的发展,汽车的普及率在不断提高。为了适应消费者需求的这种变化,实力超群的本田公司当然不会放过这一历史性机遇,决定开拓新的产品生产线,向汽车市场进军。

就在本田公司致力于汽车生产,无暇顾及摩托车业务时,原来居于摩托车行业排行老二的雅马哈公司认为摆脱老二阴影的机会来了。于是,它不惜一切代价积极拓展摩托车市场,向本田公司发起了挑战。

在雅马哈公司的猛烈攻势下,本田公司有段时间确曾节节败退,市场日益缩小。1970 年,本田摩托的销售额以 3:1 领先于雅马哈摩托车。到 1979 年时,本田的摩托车销售额一直没有增加,雅马哈公司则将本田公司领先的幅度从 3:1 降到了 1.4:1。在 1970 年年初,雅马哈只有 18 种车型,本田有 35 种。到 1981 年年初,双方同有 63 种车型,雅马哈的市场占有率已与本田不相上下。

在最初的交战中,雅马哈公司总经理日朝智子宣称:雅马哈公司很快将建成一座年产 100 万台机车的新工厂,这个工厂建成后,将可以使雅马哈摩托车总产量提高到每年 400 万台,超过本田公司 20 万台。到那时,本田公司不得不将它端坐摩托车行业第一把交椅的位置让出来。在 1982 年 1 月的一次会议上,雅马哈公司董事长小池也表示:"我们将以新的产量超过本田。身为一家专业的摩托车厂商,我们不能永远屈居第二。"

尽管雅马哈公司雄心勃勃,而且初战的战绩不菲,然而本田毕竟是行业老大,它在世界摩托车市场也称雄几十年了,岂能容得下雅马哈咄咄逼人的攻势!面对雅马哈的强大攻势,本田怎会善罢甘休?早在 1978 年,本田的董事长河岛就在《日经新闻》上发誓："只要我当社长一天,本田就永远是第一。"

1982年元月,当雅马哈公司挑战性的言论传到本田决策者耳朵里后,本田迅速做出决策:即要在雅马哈公司新厂建成时,以迅雷不及掩耳之势给予反击,打掉它的嚣张气焰。

一场被誉为日本工业领域中最残酷的战役就这样打响了!

战争序幕刚一拉开,本田就依仗其雄厚的实力给雅马哈公司以致命的一击。它一方面采取大幅度降价的策略同雅马哈争夺顾客,同时又大幅度增加促销费用和销售点,以在传媒和销售方面向雅马哈发起全面进攻。

价格上竞争的残酷性实在难以想象。在竞争最激烈时,一般车型摩托车的零售价,降价幅度都超过1/3,以至于一部50升的本田摩托车价格比一辆十挡变速的自行车还便宜。如此杀价对于本田来讲,尽管损失了大块利润,由于它本身块头很大,加上它除了摩托车生产外,还有汽车可以撑着,特别是20世纪80年代初汽车销售稳步上升,因此资金实力雄厚,"东方不亮西方亮",它还可以通过汽车的盈利来弥补摩托车价格战的损失,最终达到打击雅马哈、扩大市场份额的目的。

但这对雅马哈公司来讲,日子可不好过了。由于它只是一个专业的摩托车生产厂商,它的生存完全依赖摩托车,而且它在投资建厂后造成资金占用,其结果必然是雅马哈最后会招架不住。

本田采取的另一策略是加快产品的更新换代,迅速使产品多样化。在18个月内,本田凭借其雄厚的技术优势和充裕的资金条件,相继推出了81种新车型,同时还淘汰了32种旧车型。这对雅马哈来说简直是不敢想象的。产品更新换代的加快,使本田在消费者心目中树立起新的形象。尤其是本田不停地推出新产品,极大地刺激起年轻消费者对摩托车的新需求。由于这些新产品对这些顾客所带来的新鲜感,经销商在推销时也很带劲,这样本田摩托车的销量便直线上升。

雅马哈公司相比之下就显得相形见绌了。在当初所定超越本田计划时,它曾在投资建新厂上下了很大的赌注,致使其在这一轮的竞争真正开

始时，其内部营运资金入不敷出，只好向外大量贷款。另外，由于新厂尚未建成，也就无法产生效益，雅马哈也就无力开发新的产品。当本田推出81种新车型时，它却只能推出34种新车型，同时淘汰掉了3种旧车型。产品更新换代的速度减慢，雅马哈在市场上的形象渐老。产品日益积压，只好通过折扣等方式来减少库存。

在本田咄咄逼人的攻势下，雅马哈实在招架不住了。在短短18个月，雅马哈的市场上占有率就从37%降至23%，产量迅速下降，仅1982年一年的营业额就比上一年锐减了50%以上，企业亏损严重。1983年年初，雅马哈公司的库存占日本摩托车行业库存的一半。雅马哈只有靠举债维生。到1983年年底，雅马哈公司的债务总额已达2200亿日元。银行家们看到雅马哈前景不妙，纷纷对雅马哈公司停止贷款。由于公司既缺乏资金，产品库存又越积越多。在走投无路的情况下，雅马哈公司董事长川上与总经理智子一起只得拜见本田公司的总经理川岛清，就雅马哈的不慎言辞向本田公司道歉。接着，川上又在记者招待会上重申对本田公司的歉意，并宣布解除智子的职务。至此，历时18个月的摩托车大战宣告结束。

在市场竞争中如果不能知己知彼、正确地估计自己和竞争对手的实力，在暂时的胜利面前不能保持清醒的头脑，盲目自信与乐观，企业注定是要失败的。

心灵悄悄话 ✳
　✳ ✳

决策者对多数人的意见、权威者的意见，要有敢于怀疑的精神。当然，这里指的怀疑不是毫无根据、捕风捉影的随意猜测，而是指在尊重科学的基础上审视多数人的主张和权威的看法，这是一种理性的思考。

自信,但不盲目

一个人必须非常有自信心,才能创立新事业,但只有极少数新创事业能成功地存活下来。如果我们对自己的能力不能充满信心,这个世界将变得了无生气且贫乏不堪。然而在制定策略及评估策略优缺点时,过度自信却成为一大盲点。

自信能够培育干劲,但是过度和盲目自信会将企业引向危险的境地。一个企业自信是必要的,但是过度自信可能就有问题。

可以说,在中国企业发展史上,还没有哪一家企业能在短短的时间内创下三株公司曾有过的成长奇迹。成立于 1994 年的三株公司,注册资金仅为 30 万元,而到了 1997 年年底,其净资产已高达 48 亿元,4 年间增长了 16000 倍,且资产负债率为零。这一速度是其他企业望尘莫及的,在中国今后若干年内,这一纪录恐怕都无人超越。

一些管理专家分析了三株公司从成立、兴起、发展、停滞直至最终崩溃的 5 个阶段后,认为导致三株公司大厦倒塌的一个最主要的原因就是企业盲目扩张,不适宜地推行了多元化经营战略。

三株公司凭借着庞大的营销网络和成功的营销宣传手段,在短短三四年里就把三株口服液的销售额做到 80 多亿元,在竞争激烈的保健品市场上独占鳌头。可以说创立之初的三株公司是成功的,从其数目可观的销售额便可见一斑。但一时的成功,导致了过度膨胀的自信心,三株公司提出建立所谓"日不落生物制药公司",做"中国第一纳税人"等,这些目标充满豪情,但 1997 年年末就证明不过是乌托邦式的理想。这种过于感性的目标导致了过于感情化的决策。那就是 1997 年,三株公司大规模地

进行了一场多元化的"产业革命";同时,这一多元化经营决策的失误也成了三株的"滑铁卢"。

在资金、技术、营销经验等方面,三株都还有诸多不足之处,进行多元化经营的条件还不成熟。但是,其初期的成功冲昏了高层管理者的头脑,对于市场前景盲目乐观,过快地作出了多元化经营的决策。结果,1997年销售额迅速下滑,销售费用却大幅上涨,公司出现大面积亏损。其不得不进行收缩,但在营销网络建设中投入的大量人力、物力、财力成了三株公司经营上的沉没成本,加重了企业的负担。到1998年结束,其令人拍案叫绝的"三株现象"却已成明日黄花。

很显然,"适度自信"是可取的,但"过度自信"则是一种非理性行为,过度自信者的决策会损害企业的运行,因此,在现实决策中我们要努力规避。

心灵悄悄话

> 爱因斯坦曾说:"从少年时代起,对所有权威的怀疑,对任何社会环境里都会存在的信息完全抱一种怀疑态度,这种态度再也没有离开过我。""怀疑"是科学发现的必要方法,决策实践也同样证明,"怀疑"是医治决策盲目从众、盲目崇拜权威的良药。

盲目自信带来了灭顶之灾

人们在了解自己能力的方式上存在着自我崇拜的偏见与误区。当成功的时候，人们往往相信这是来源于自己的能力；当失败时，又往往把失败归咎于运气、环境或者他人。这种偏见与误区会导致人们对自己的能力与知识过于自信，从而影响决策。

这种心理偏见对于决策者的危害是显而易见的。过度自信直接会导致低估风险。

美国桂格公司是一家拥有百年历史、从事多样化产品经营的公司。它的产品包括冰茶、果汁饮料、柠檬水、谷物食品、薄烤饼、快餐、玉米面、玉米粗粉、各种深加工的大米产品和运动饮品。在桂格公司品牌下的全部产品中，85%都处于各自市场份额的第一或者第二位。

桂格公司推行扩张性的发展战略，在一个时期内，曾先后收购了斯托利·范普公司、大陆咖啡、阿德里亚通心粉和斯奈普公司。作为桂格公司的首席执行官，威廉·史密斯伯格策划了这一系列的收购，其中以收购加得力公司最为成功。但是这些成功更多的是依靠运气，而不是依靠好的决策方式。

史密斯伯格常常是凭借冲动制定出收购决策。他对加得力公司的收购也仅仅是因为自己的喜好——他试用过加得力公司的产品而且很喜欢。业界分析家对于加得力公司的收购提出了尖锐的批评，但史密斯伯格通过富有创意的广告策略证明了自己，他以2.2亿美元的价格成功地收购了资产为30亿美元的对手，用事实告诉这些分析家们，他们是错的。

在成功地收购加得力公司之后,桂格公司的董事会把公司的收购策略决策权全部交给了史密斯伯格,他也认为自己是这方面的天才而陷入了盲目自信的境地。

史密斯伯格把加得力公司收购决策中的成功模式套用在斯奈普公司这样一个同样出色的品牌上。史密斯伯格为了筹集收购所需的18亿美元资金,以1.1亿美元的价格出售了桂格公司最为成功的宠物食品业务和豆制品业务。由于对他的信任或者担心遭到报复,没有一个人对收购斯奈普公司的决策提出异议,也没有人对史密斯伯格采取的融资措施提出质疑。但是,这次史密斯伯格的好运气并没有再继续下去,收购斯奈普公司的决策给桂格公司带来了严重的损失,并且最终让他因此风光不再。

斯奈普是桂格公司历史上最大的收购案。购入斯奈普以后,公司饮料的销售额将接近20亿美元,占全部销售额的1/3。在1995财政年度,仅"加得力"一种产品在全世界总销量就达13亿美元,并在美国保持持续增长。

与以往收购的加得力公司不同,斯奈普面对强大的竞争对手,包括可口可乐的果特品和百事可乐旗下的立顿,后者以低价格占领了冰茶市场31%的份额。斯奈普的增长率在1994年12月开始下降。那时,史密斯伯格却作出了极度自信的判断,以17亿美元购买了斯奈普。不久,许多人认为他多支付了10亿美元。

显然,斯奈普具有"迷魂香味"不是史密斯伯格对它如此着迷的唯一原因,问题在他收购时就已经出现了。他喜欢把它同桂格的宠物食品相比较:宠物食品"是一个让五六家大公司伤透脑筋的死气沉沉令人乏味的业务项目"。因此,收购斯奈普没几个月,购进不满9年的宠物食品业务就被抛售也就不令人吃惊了。

另一种猜测是史密斯伯格要得到斯奈普的原因除了错误估计了发展潜力外,还有他希望桂格不被人强占,因为有沸沸扬扬的传言说桂格是下一个购并对象。有些人甚至推测史密斯伯格已厌烦了桂格,想寻找引人注目的买卖带来的刺激。

结果,1995年斯奈普的销售额下降了9%,造成1亿美元的损失。

令人沮丧的结果使桂格公司急需证明收购斯奈普的正确性,并设法扭转下滑的趋势。为了帮助经销商,公司把经营流程化,并启用计算机协调最大的50家经销商;与此同时,公司还推出一些包装和产品的变化,希望能更吸引经销商和消费者;在1995年,薄弱的广告环节也得到改善,桂格邀请了富于创造性的斯派克·李,以在市场上推广斯奈普"卓越"的形象。

然而,销售仍然令人失望。7月末,桂格在全国范围内开展了一项大型的品尝活动,耗资4000万美元,数百万瓶水果汁和冰茶在销售旺季离开生产线,希望能激发消费者的兴趣。然而,很不幸,在重要的夏季销售月里,斯奈普不仅没有赢得市场份额,反而丢失了部分市场。

斯奈普茶饮料销售额下降14%,果汁饮料销售额下降15%。

史密斯伯格收购加得力的成功让他故步自封,也限制了他进行更深入的思考。这次建立在错误决策上的意外成功不但巩固了错误的决策方式,同时使他的自信心过度膨胀。事实上,大量的负面信息可以使斯奈普公司身上的华丽光环变得暗淡无光。但是,作为应该承担责任的人,无论是史密斯伯格还是公司的董事会,对于饮料市场的竞争情况、收购斯奈普公司后的协同范围、斯奈普公司糟糕的库存管理或者斯奈普公司所面临的市场困境,都没有进行过任何调查。

收购斯奈普公司带来的巨大损失几乎使桂格公司破产。处境艰难的桂格公司为了甩掉斯奈普公司这个包袱,试图打包出售自己的整个饮料业务,其中包括加得力公司。在收购斯奈普公司两年之后,史密斯伯格以3亿美元的价格把斯奈普出售给特里亚克公司,这远远低于最初17亿美元的收购价。

史密斯伯格的威信在下降,他早期在"加得力"上的成功不足以平息当前的反对意见。各种批评家都在抨击他,在财务分析会上,他受到尖刻提问的围攻,说他为一个仅值6亿美元的饮料支付了17亿美元。在这种压力下,史密斯伯格辞去了总裁和首席执行官的职务。

过高地估计自己是许多决策者的通病。他们往往对自己的一个创意和过去的成绩视若瑰宝，而对他人不屑一顾。不能客观地分析自己的能力，不能对情况做出恰如其分的判断，因而做出了超过自己能力的决策，这是导致决策失败的一个重要原因。

心灵悄悄话

决策中的盲目从众症，源于"怀疑"精神的缺乏。应该说领导个体和群体都是人而不应该是神，每个人都有可能犯错误。有了这种每事必疑的精神，就能有效地克服"唯众""唯权威"对决策的不良影响，进而激起人心中的创造意识，制定出具有独创性的决策。

第三篇

提升你的决策智慧

决策需要智谋。所谓智，便是指人们的聪明智慧；所谓谋，便是指人们对问题的计议和对事情策划。智是谋之本，有智才有谋，所以智比谋更重要。一味盲从、模仿和抄袭，缺乏主见；好走极端、张弛无度，缺乏灵活性；看低自己、抬高别人，缺乏自信；看重整体、扼杀自我，缺乏个性；当断不断、犹豫不决，缺乏果断；顽固不化、死抱教条，缺乏应变。个人的能力总是有限的，群众的智慧和力量是无穷的。只有集中集体的智慧、群众的智慧，集思广益，群策群力，才能做出正确的群众支持的决策。

学会了放弃，也就学会了争取

放弃是一种战略智慧。学会了放弃，也就学会了争取。

创立于 1881 年的日本钟表企业精工舍，是一家世界闻名的大企业。它生产的石英表、"精工·拉萨尔"金表远销世界各地，其手表的销售量长期位于世界第一的位置。它能取得这样的成功，全取决于其第三任总经理服部正次的放弃战略。

1945 年，服部正次就任精工舍第三任总经理。当时的日本还处在战争破坏后的满目疮痍中。精工舍步子疲惫，征尘未洗。而这时，有"钟表王国"之称的瑞士，由于没有受到第二次世界大战的破坏影响，其手表一下子占据了钟表行业的主要市场。精工舍面临着巨大的生存危机！

服部正次并不为困难所吓倒，他沉着冷静，制定了"不着急，不停步"的战略，着重从质量上下手，开始了赶超钟表王国的步伐。十多年过去了，服部正次带领的精工舍取得了长足的进展，但仍然无法与瑞士表分庭抗礼。整个 60 年代，瑞士年产各类钟表 1 亿只左右，行销世界 150 多个国家和地区，世界市场的占有额也达到了 50%～80%。有"表中之王"美誉的劳力士，和浪琴、欧米茄、天梭等瑞士名贵手表，依然是各国达官贵人、富商巨贾等财富地位的象征。无论精工舍在质量上怎样下工夫，都无法赶上瑞士表的质量标准。

怎么办？是继续寻求质量上的突破，还是另走他径？服部正次思量着。他看到，要想在质量上超过有深厚制表传统的瑞士，那简直是不可能的。服部正次认为精工舍该换个活法了，他要带领精工舍另走新路。经过慎重的思考,服部正次决定放弃在机械表制造上和瑞士表的竞争,转而在新产品的开发上做文章。

经过几年的努力,服部正次带领他的科研人员成功地研制出了一种新产品——石英电子表!与机械表相比,石英表的最大优势就是走时准确。表中之王的劳力士月误差在 100 秒左右,而石英表的误差却不超过 15 秒。1970 年,石英电子表开始投放市场,立即引起了钟表界和整个世界的轰动。到 70 年代后期,精工舍的手表销售量就跃居到了世界首位。

在电子表市场牢牢站稳了脚跟后,1980 年,精工舍收购了瑞士以制作高级钟表著称的"珍妮·拉萨尔"公司,转而向机械表王国发起了进攻。不久,以钻石、黄金为主要材料的高级"精工·拉萨尔"表开始投放市场,马上得到了消费者的认可,成为人们心中高质量高品质的象征!

通过放弃战略,精工舍取得了巨大的成功。在风云变幻的商场,这种例子不胜枚举。放弃是一种基于战略的价值判断,是一种有进有退、以退为进、以守为攻、张弛有度的战略智慧。

面对战略选择的诸多困境,选择放弃需要更大的勇气和胆识,需要非凡的毅力和智慧。因此,企业家应勇于摆脱成功光环的羁绊,把企业的利益作为最高的利益,把企业的可持续发展作为终极追求。太多的经验教训告诉我们:成功的企业是不断地进行理性的放弃才获得了持久的成功,而失败的企业则因不能进行理性的放弃才导致了最终的失败。

❈心灵悄悄话❈

自信是成功的基础。拿破仑·希尔还告诉我们:"只要有信心,你就能移动一座山。"

良好的撤退也是一种胜利

现实经济活动中,骑虎难下的投资项目比比皆是,到底是继续投资还是断然退出,这是决策者们不得不面对的难题。

《三十六计》中的最后一计是"走为上策",作为一种谋略,其大意是说在不利的形势下,要避免同敌人决战,而是采取"走"的策略,以保存自己,安全退却。

在经济竞争中,与强手相遇有三种情况:一是被对手吃掉;二是拼得精疲力竭,自我倒闭;三是理智地退却,保存实力,另辟市场。三者比较起来,主动的回避不失为上策。明智的领导者在形势所迫而需要退却的时候,必须当机立断,做出主动退却的明智决策。

1964 年 10 月,日本松下电器公司总裁松下分析方方面面的情况,决定停止大型电子计算机的开发生产。在这以前,松下电器公司的通信部已经为此项工作付出了巨大的人力、物力、财力,并且已经试制成功了该项产品。但是,大型计算机的市场前景却不容乐观,需求量极少。鉴于这种情况,松下决定暂时放弃这个项目。拟议一经发布,顿时舆论哗然,来自内部、外部的不同意见此起彼伏,不绝于耳。

大家的一致意见是:花费 5 年时间、耗资十多亿元的项目就如此放弃,得不偿失。要放弃,日本国内 7 家生产厂家中的另外 6 家也可以放弃,又何必是松下首先放弃呢?

来自外部的舆论则更有许多猜测,认为松下公司要么是技术跟不上,要么是财政赤字才放弃这个项目的。就连一些久经沙场的高级职员,对松下的拟议也持怀疑态度。当时,松下的困扰和烦恼是相当严峻的,但他顶住各种意见和舆论,毅然停止当时没有前途的项目,把人力、物力、财力用到其他方面。后来的事实证明,松下的这个决策是正确的。因为此后,世界上几个名厂包括独联公司、电器公司、西门子公司等也都纷纷停止生产电子计算机。

为什么松下公司已花了5年时间,投入了十多亿资金进行开发,眼看就要收获了,偏偏要放弃不干呢?

原来,松下发现,计算机市场的竞争日趋白热化,仅在日本就有富士通、日立等公司在做最后的冲刺,如果此时松下再加入,也许会生存下来,但也有可能导致全军覆没,这就等于拿整个公司下赌注。所以,面对这样的市场形势,他毅然做出退出大型计算机市场的决策,这实在是一次清醒冷静思考后的勇敢大撤退。

因为松下的大型计算机项目在接下来的科研、生产以及市场推广还需要投入近300亿日元,如果放弃虽然损失十多亿日元,但是这个决定避免了300亿日元的损失。这个决定使松下更加专注于对电器和通信事业的发展,使松下逐步成长为当今世界的电器王国。

交战时撤退是最难的,如果无法勇敢地撤退,或许就会受到致命的打击。松下勇敢地实行一般人都无法理解的撤退,将"走为上策"之计如此运用,足见其眼光高人一等,不愧为日本商界的"经营之神"。

商场如战场,企业经营也是如此。松下幸之助毅然放弃大型电子计算机的生产,主要是他预见到了将来激烈的市场竞争。与其全力以赴同竞争对手拼个你死我活,不如避开对手竞争锋芒,开拓其他无人竞争或竞争不太激烈的领域。同强手竞争不是鱼死就是网破,即使侥幸取胜,也会落得个元气大伤的下场。松下幸之助的聪明之处就在于此。

瑞士军事理论家菲米尼有一句名言:"一次良好的撤退,应与一次伟大的胜利一样受到奖赏。"他这句话虽然是用于战争的,但用在管理决策上也同样很合适。一次良好的撤退,虽然是失败了,但同时也是一种胜

利,因为他们在走向失败的路上能及时回过头来,重新调整自己,从而通过另一条途径走向胜利。正如军事学家所言:"我们并非撤退,我们只是从另一个方向进攻。"

鱼和熊掌难以兼得,企业经营中,企业家要学会放弃与抉择,多在大利和安全上下工夫,在决策上做到"有所为,有所不为"。这就要求管理者能辨别轻重,分清主次,该干的好好干,不该干的绝对不要干。

心灵悄悄话

领导是决策的中坚。领导自信心如何将直接决定决策的正确与否。所以,领导首先必须不断增强自我信心。相信自己的能力,相信自己的实力,许多人可能都没有你的能力强。所谓"比上不足比下有余"。放下功利观念,方可求得升华!

提升自己的判断力，不盲目跟风

当大家开始一窝蜂制造的时候，就该急流勇退，因利润再高的产品，也会自此骤跌。

一般人都有很多欲望，只要发现一种事业可以赚钱，大家马上一窝蜂地钻营。短时间也许还不错，但一段时间之后就立刻陷入恶性竞争，弄得大家都赚不了钱，甚至停业或破产，这种事情真是太多了。想避免这样的情形，是可以办到的，那就是你如何决策。

松下幸之助就曾经经历过这样的事情，并作出过正确的决策。

1925 年，松下到东京办事处巡视，办事处里面摆着真空管，他第一次看到"真空管"，那时候它被装置在收音机里，非常畅销。办事处主任对他说："这是最近东京最畅销的东西。大阪方面是不是要卖卖看？"

松下先生听了以后觉得"很有意思"，希望能够尽早在大阪发售，因此当场就指令和真空管制造厂交涉。结果发现那家工厂规模很小，资金也不雄厚，生产根本赶不上订货，就当场先付出价款购买 1000 个，想多买一个都有困难。

回到大阪，松下先生就和真空管的批发商接触，当时因为来货很少，大家都急着赶快订货。这种情况大概持续了五六个月，而松下电器也因此多了一万多元的收入，这在当时可以说是一笔为数不小的款子。后来制造真空管的厂家慢慢多了起来，各种厂牌相继出现，价格自然也逐渐便宜。

看到这种情况，松下觉得非认真考虑一下不可，因为照这样下去，松

下电器可能增加的利润必然会很有限,虽说还有一些利润,而且销路也还可以,但情况已经有所变化,和前一阵子已经大不相同了。重点在于如何掌握演变的趋势而不安于现状,因此,先见之明是非常重要的。

虽说目前卖真空管还没有什么问题,但松下先生却不想干了,这样似乎有点可惜,何况还是在没有赚到更多钱的时候。但是话说回来,做生意不能不注意情况的变化,必须要有应变的本能,这就是让他萌发撒手念头的理由。况且已经赚取一万元的利润也应该是收手的时候了,再贪心就不太好。结果,真空管的贩卖情况是不是在自己的预测之内呢?

松下先生真的就这样决定从真空管收手,也把自己的意思通知生产工厂和客户,工厂方面因为可以无条件获得大阪地区的客户,心里当然高兴得不得了,而客户方面自然也不会有反对。于是,松下就从这个还没有创造可观利益的真空管贩卖事业上撤资了。过了四五个月,收音机配件的售价急转而下,使一些获利还不错的工厂和贩卖店一起陷入困境。

松下电器因为收手得快,因此并没有受到任何损失。所以凡事都必须适可而止,否则反受其害。

企业最忌跟风,如果不顾投资环境,只顾当前,盲目上马一些看似赚钱的项目,其结果就好比接力赛跑到最后一棒,别人在出尽风头之后把接力棒交到你手里,你就再也交不出去了。因此,企业无论是投资还是经营某种产品,都要审时度势,不可盲目跟风。

心灵悄悄话

任何人都有自己的优势和劣势,不要因为你默默无闻或没有任何“背景”而看轻自己。你是独一无二的,所以,你认为自己有多大价值,你就有多大价值。你的价值不用别人来认可。

善于忘掉过去才有好未来

在硅谷,每年都有近90%的新公司破产。所以,美国企业和企业家信奉"世界属于不满足的人们"这句格言,很少陶醉在已有的成就之中,而是善于忘掉"过去",面向未来,勇于变革。

惠普公司原董事长兼CEO卢·普拉特说:"过去的辉煌只属于过去而非将来。"未来学家托夫勒也曾经指出:"生存的第一定律是:没有什么比昨天的成功更加危险。"因此,美国企业普遍有一种强烈的忧患意识和时不我待的紧迫感和危机感,能够及时把握创新的机会,并且敢于淘汰自己的技术或产品。

管理学上有一个"达维多定律",达维多定律是以英特尔公司副总裁达维多的名字命名的。达维多认为,一家企业要在市场中总是占据主导地位,那么它就要永远做到第一个开发出新一代产品,第一个淘汰自己的产品。

这一定律的基点是着眼于市场开发和利益分割的成效。人们在市场竞争中无时无刻不在抢占先机,因为只有先入市场,才能更容易获得较大的份额和高额的利润。

英特尔公司之所以能够在竞争激烈的微处理器市场上永保霸主地位,就得益于其以奔腾的速度进行产品创新,其产品更新换代速度之快人所共认,几乎无人企及。

英特尔公司在产品开发和推广上奉行了达维多定律,始终是微处理器的开发者和倡导者。其特点是:产品不一定是最好的性能和最快的速

度,但总是最新的。为此,英特尔总是不惜淘汰老产品,包括淘汰正在市场上卖得好的产品。

达维多定律已经成为英特尔公司的一项长期政策。1995年4月,正当486芯片主导微处理器市场之际,英特尔公司却毅然牺牲486市场,转而全力支撑奔腾芯片的研制开发。

在外部乃至内部的诸多不解和怀疑中,英特尔公司又一次先于对手成功抢占了芯片市场的"制高点"。而这正体现了公司决策层的深谋远虑,反映出其在思想观念上与对手的差距。以这样的经营思想为指导,英特尔公司总要比竞争对手们抢先一步,生产出速度更快、体积更小的微处理器……

英特尔公司永远是领头羊,市场还没准备好,英特尔就去推动它,"让对手永远跟着我们好了。"英特尔成功的主要奥秘是以技术为先导,不断地赶超对手,在推动市场需求的同时,开发技术的创新。英特尔公司一直都在开发最新的产品,以求其产品的最好质量,从而占有大量的市场。

淘汰自己,否则竞争将淘汰我们

如今,我们处在一个不断变化的时代,科学技术在飞速发展,企业经营环境处在不断改变之中,全球化的市场也发生着不断的变化,这都不断地向企业提出了新的挑战。应对这一切挑战的秘诀就是创新。

在当今激烈竞争的市场上,没有一项产品能永远占据市场。企业要想持久地占领市场,必须把产品开发作为企业生存发展的关键。只有产品不断更新换代,才能适应不断变化发展的市场需求,以及科学技术迅速发展和产品周期不断缩短的趋势;否则,难免会在竞争中败北。

　　美国胜家缝纫机公司就是这样一个少有开拓、不思变通的企业，最终导致了失败。

　　胜家公司是美国首家国际性公司，它所生产的"胜家"缝纫机操作简单，备受人们喜爱，是风靡全世界的名牌产品。1940年，世界每3部缝纫机中就有2部是"胜家"牌。然而，到了1986年，胜家公司董事长不得不沉痛宣布："胜家"将忍痛割爱，抛开它赖以成名的"胜家"，从此再也不生产缝纫机了。

　　胜家公司在市场上惨败，源于胜家公司成功后，对胜家传统产品过分依赖，片面固守以往"质量是企业的生命""品质是无声的推销员"等观念，而忽略了世界大市场的变化，不进行产品的更新换代。直至1985年，胜家出厂的仍是19世纪设计的产品。有哪一个机械产品能在世界市场维系一百多年而未做任何改变？

　　然而，这段时期缝纫机行业其他厂商却顺应时代变化的潮流，不断开发出符合消费者口味的新产品，像日本生产出"会说话"的缝纫机，在操作失误时会发出声音提醒改正；英国生产出"音乐缝纫机"，当操作者疲劳时，缝纫机自动放出一段轻松愉快的音乐；瑞典生产出一种自动控制缝纫机，它可以根据布料特质，自动调整缝法，自动调整针脚长度和缝线紧度。

　　另外一些缝纫机厂商则加强生产管理，重视技术进步，强调资源优化组合，力图降低生产成本，采取"廉价竞争策略"。像日本，出口一台缝纫机在1950年时售价为40美元，到1960年却跌到12美元。这样价廉物美的新产品是颇具吸引力和竞争力的，当然会冲击"胜家大厦"。

　　"胜家"所持质量观念也远远地落后于时代了。质量不仅仅是指结实耐用了，它已发展到包括外观设计、造型、包装、功能等方面。本来，凭着胜家公司的市场地位和形象，它完全可以在市场变化时领先一步，抢先推出新产品，然而胜家公司决策者的错误认识和做法终于跟不上时代了。就这样，辉煌一时的胜家公司被时代淘汰了。

不创新,就灭亡。创新是成功者最重要的品质。墨守成规一成不变,只会被时代所淘汰。

英特尔公司传奇总裁安迪·格罗夫有一句名言:"在硅谷,创新是唯一的出路。淘汰自己,否则竞争将淘汰我们。"

心灵悄悄话

正如有的科学家认为的那样,积极的行为会改变人们的消极思想,所以要克服从众心理,就必须以积极的行动去做事。

心智的核心要素

时间

今天的选择常常决定着将来的得与失。有些人十分看重当前的快乐与痛苦,对于未来则漠不关心。另外一些人则作长远打算,把将来与现在看得同等重要。如果你有个两岁的小家伙(科学史上可能严重低估了将自家孩子作为测试对象的重要性),让他(她)做个选择:现在吃一块饼干,还是5分钟后吃两块饼干。绝大多数情况下,他(她)会选择前者。直到长大一些,孩子才懂得长远看问题(据育儿经验,那个时间应在3~11岁之间)。

在测试你的"时间要素"的那些问题中,有些与你的健康有关;有些事情你必须持之以恒地去做,才能预防将来可能出现的疾病或伤害。你上一次看牙医是在什么时候?每周锻炼多少次?你的身高体重各是多少(通过两者可以计算出你的体重指数)?我们还研究一些不那么紧要,但却能说明问题的事项,例如你在购车时是否考虑过将其转售时的价格。

人们在"时间要素"上的差异有时非常明显。费利克斯每周到私人会所锻炼5次。他的体重指数在健康范围值的正中间,而且他今年已两次光顾牙医诊所。当然,奥斯卡的做法大相径庭,所以往往错失机会,不能以今日较小的成本换得明天更大收益。他不常去锻炼,也已经一年多没去检查牙齿了。不用说,他买车时也没考虑过车的转售价格。

风险

通常,冒险的决定为你提供"快乐的可能性",用于弥补你"可能的痛苦或损失"。风险要素不同于时间要素:时间要素衡量你是否愿意用今天的付出换取明天的满足,而风险要素衡量你如何评估各种决定所包含的危险和收益。例如,在病危的情况下,你会选择将令自己终身残疾的保守疗法,还是或治愈你或致你死的新疗法? 我们提出有关汽车、酒吧、运动、赌博、吸烟的种种问题,以衡量个体在选择消费方式和生活方式时对风险的接受程度。要想理解这种要素的作用,可以问问你自己,当你开车时,黄灯意味着什么:加速还是减速?

与车相关的其他方面同样关系到风险。你是否花钱去购买更大保修范围、服务保障计划或道路救援? 过去三年中,你曾有几次交通违规? 在生活方式方面,我们询问的是大家对酒吧、吸烟的态度,大家是否认为适度吸烟对自己有害、二手烟是否像媒体报道的那样危害严重。我们列出了 24 种高风险的运动项目(从赛车到风帆冲浪),然后统计被调查者参加过其中几种。我们列出 10 种不同类型的赌博(从在赌场玩纸牌到买彩票),然后统计被调查者玩过其中的几种,以及参与赌博的频率。

人们对待风险的方式多种多样,差异很大,甚至相似点颇多的两个人之间也是如此。如果你跟奥斯卡和费利克斯待上一段时间,就会发现确实如此。奥斯卡偶尔吸烟,经常开快车。他有时还喜欢脱离常规——他每个月至少参加一次赌博,而且在过去一年里还打过曲棍球。费利克斯的风险指数要低得多。他从不吸烟,过去三年里没有交通违规记录,而且开车时专心致志:不打手机,不吃东西。他从未去过赌场,也不买彩票。他从不参与极限运动。他玩飞盘、打网球,但从未尝试过高山滑雪、摩托运动、水肺潜水和蹦极。

利他主义

决策中考虑他人的利益,我们称之为利他主义。为衡量这一点,我们首先提出两个问题,看人们在多大程度上认可"损己利人"的做法:公民在私人生活受到干扰的情况下,是否还有义务参加陪审团? 还有,你是否会以身犯险去举报犯罪行为? 接下来,我们问被调查者是否加入过从事公益活动的组织,如慈善团体或无党派的公民社团。最后,献血或为慈善组织捐款也能让你在利他主义方面得分更多。

通过"知识网络"的资料很容易找到利他主义者。如费利克斯,他就是经常出现在社区活动中的那种人。如果哪儿来了辆献血车,他准保跑过去。当地慈善社团到他家登门募款时,一般都能得到他的慷慨资助。在垃圾回收日,他家门口总会出现一个大大的垃圾回收桶。如果你仔细瞧瞧他们家的垃圾,就会发现他们用的很多产品都含有再生材料。费利克斯在利他主义方面会得高分,对此他的邻居们不会感到意外,但如果问他们谁会得分低,恐怕他们就难以回答了。在很多情况下,缺乏利他主义其实就是缺乏利他的行动。以奥斯卡为例,他在这方面得分较低,就是因为有很多事他不去做。他不参加献血,不向慈善组织捐款,不认为人们应自找麻烦去参加陪审团,不愿费事去参与废物循环利用。

信息

有些人很少消费信息。他们觉得那是浪费时间,令人头脑混乱,或者毫无乐趣。另外一些人则四处搜集资料,将信息作为辅助决策的工具。

虽然收集信息需要付出成本，但对于某些决策，例如投资来说物有所值。另外还有些人是"信息极客"（information geeks），他们酷爱获取知识，以阅读为人生乐事（无论虚构作品还是非虚构作品）。这类人做决策时，会搜索所有可能找到的信息。在业余时间，他们消费以各种形式存在的思想理念，包括书籍、博客、杂志、网站以及电视节目。他们对于新闻和信息的热情跨越各种题目和各类决策。

为得到一个人在信息要素方面的分数，我们设计了有关多个领域的问题。例如：去年你购买并阅读了多少本书？当做财务决策时，你会参考几个渠道的信息？你家里有几台电脑，你是否经常上网浏览新闻？我们还设计了消费者信息方面的问题，其中一个问你是否喜欢看广告，另一个问你是否对市场中的多个品牌感到困惑。

还是说费利克斯。作为大学毕业生，他难以想象如果家里没有电脑、不能上网会是什么样子。做财务决策时，他参考三个渠道的信息：杂志、报纸、互联网。去年他读了40多本书，而且他还是多个有线电视新闻网的忠实观众。奥斯卡也是个大学毕业生，但他不像费利克斯那样消费大量信息。他不常上网冲浪，在需要做出财务决策时，他更愿意征求朋友的意见。他喜欢阅读，但无法忍受有线电视新闻节目。

跟风

表面上看，你购买的很多产品好像只关系到一个消费者——你自己。穿那件衣服的是你，开那辆车的是你，喝那罐啤酒的也是你。然而，很多人在选择某一特定品牌时，往往会考虑一个重要因素，那就是别人的反应。很多产品回报给你两样东西——产品本身的实用价值，以及你借此向他人展示的形象或身份。你受他人观点影响的程度，还与你社交圈的大小有关。如果你作选择时考虑自己的形象或社交圈,那么你就是关注他人(other-regarding)的人,意味着会在"跟风要素"方面得高分。

这种要素与利他主义大不相同。在利他主义方面得分高的人十分关心他人,愿意自己付出去成全他人(这可能包括献血、参加陪审团,或为当地慈善机构捐款)。在"跟风要素"上得分高的人也关注他人,但那是因为他(她)想知道别人在用什么产品、自己的选择将如何影响自己的形象或与他人的友谊。在这方面得分高,通常说明你社会交往面广,与很多亲戚朋友经常保持联系。然而,社会交往多并不代表你是利他主义者;与朋友混在一起是一回事(这是"跟风"),为当地慈善机构提供食物则是另一回事(这叫作利他主义),两者完全不同。

在"跟风"方面的问题中,有些关系到身份感:你是否偏爱能使你感觉更合群的品牌? 是否常选择他人更多采用的产品或服务? 有些问题涉及品牌形象(如酒类、汽车)在你心目中的位置。有些问题探究你参与社会的程度,包括你是否感觉自己合群,是否喜欢与兴趣相投、不同圈子的人一起做事,以及你对邻居的了解有多深。还有些问题衡量你在社会交往方面的相对深度,包括有多少个亲戚你开车一小时就能找到,有多少个邻居与你经常聊天,以及有多少个朋友住在离你一小时的车程之内。

1990 年,网球名将阿加西发了一个"广告 S 球":为佳能 EOS Rebel 相机做商业广告时,他宣称,"形象就是一切"(Image is everything)。这句广告语招致了体育评论员的批评,但却赢得了广告工作者的掌声,而且激起了消费者的购买热情。奥斯卡可能不记得这则广告,但他在调查中的反应说明,他能与之产生共鸣。在酒吧时,他喜欢跟同伴点一样的东西,而且他承认,他经常购买使自己感觉合群的东西。而且他社会交往广泛,很多朋友都住在附近,他还经常与邻居聊天。奥斯卡在"关注他人"方面几乎得到了最高分。而费利克斯则不同,他的消费方式说明,他是个不甚关注形象和他人的人。尽管费利克斯与奥斯卡年龄相仿、收入相近,但他不买象征身份的东西,并坚决否认着装或财物能体现出一个人成功与否。

然而,费利克斯的车道上停着一辆奥迪车,这或许说明在内心深处,他还是有一点在意别人怎么想。

黏性

潜藏在选择之下的最后一个要素叫作"黏性",或说"忠诚度"。有些消费者在购买产品时会货比多家,也会经常反思其购物决定。他们买各种各样的东西,并在各种不同的商店购物。而对另外一些消费者来说,每天都像是"土拨鼠日"(由比利·默里主演的一部同名电影,片中男主人公被"困"在了土拨鼠日,每天都在重复同一天的遭遇,直到最后摆脱出来)。他们重复使用同一款产品,只从固定的商家购物,从未出现很大偏差。

在衡量这一要素时,我们研究的是一个人在4个领域的消费方式:汽车、菜肴、休闲餐厅、快餐。多数问题的目的旨在了解人们是否乐意重复选择与过去相同的东西。购买上一辆车时,你考虑了多少类型和车型?你喜欢吃多少种风格的菜肴?

如果忠诚度指数低,说明你生活的多样性高。费利克斯购买他的奥迪A4之前,曾考虑过9种其他车型,而且他并不偏好进口车或国产车。上个月他曾光顾4家不同的快餐厅,而且在3个月时间里,他曾在5家不同的休闲餐厅就餐。他还尝试过很多菜肴(调查表上30种菜肴中的14种),包括那些相对不受重视的选项,如日本寿司和泰国菜。总之,费利克斯"用情不专",不愿重复从前的选择。

相比之下,奥斯卡的忠诚度指数几乎达到最高。他报告说,他很喜欢卡车,但只是在商场才认真考虑了道奇公羊卡车。他说,他只会买美国车,而且也的确是这么做的。他有自己心仪的餐馆,而且偏好美国、意大利和美洲西南部风味的菜肴。

　　以上描述的是费利克斯和奥斯卡在饮食和汽车方面的偏好,营销人员肯定对此兴趣盎然。然而,如果我们所创立的心智特征理论正确,那么忠诚度测评方式就有助于预测他们在各个领域的购物选择,而且有助于解释他们在政治方面的决定。我们相信,人们做决策时遵循的心智习惯基本一致,贯穿着各种不同类型的选择,而且反映出他们看重什么,以及如何作决策。

　　通过研究费利克斯和奥斯卡的心智特征,我们可以总结出他们的决策方式。费利克斯在"黏性""风险""跟风"方面得分低,而得分高的心智要素是"利他主义""信息""时间"(也就是说,他十分看重未来)。奥斯卡则恰恰相反。这些心智要素的组合使我们(正确)预测出,费利克斯会在餐馆点健康食品,会在购车时重视其安全性。而奥斯卡不会去接种流感疫苗,而且会采用激进的投资策略。

·心灵悄悄话·

　　当你参加一些较大规模的集会、会议时,尤其是当这个集会有"大人物"出场,而你自己在这个集会上充当的角色又无足轻重时,你往往会选择一个不引人注意的角落,把自己"隐藏"起来,这从根本上说是缺乏自信的一种表现。要改变这种状况,你不妨在今后的公共集会场所坐到最前边去,开始可能有些勉强,但不久就会习惯。

统筹全局的决策之道

中国人讲求太极思想,亦即整体思想。认为在整体之内,各构成分子之间相生相克,这是事实,无从否认。但环环相扣,相依相生,亦是事实。因而如何化除相克、减少相克,发扬相生,以维共存,不致两败俱伤,而能达成共赢,是对太极思想的最佳诠释。

东汉末年,曹操挥师南下,想一举连拔吴、蜀两国,成就自己的统一大业。一路下来,曹操以摧枯拉朽之势长驱直入,吴国边防形同虚设,不久就陈兵赤壁,与吴军形成对峙局面,吴国危在旦夕。唇亡齿寒,孙权与刘备双方经过政治上的审时度势,做出了联合抗曹、决战胜利的重大决策。但是要面对无论在兵力还是财力上都占有优势的曹军,吴蜀两国必须精心策划,方可夺得战役胜利。为此,周瑜与诸葛亮这两位绝代双骄在紧锣密鼓的气氛中迭出奇谋,给曹军一次又一次的打击,逐步地扭转了战场上的形势,为己方创造了有利战机,迎来了转守为攻的局面。

战争伊始,"三江口曹操折兵",周瑜便打了一个胜仗,不仅重挫了曹军的锐气,同时也提高了联军的士气。接着,又在"群英会"上成功地运用反间计,除掉了曹军"深得水军之妙"的水军都督蔡瑁和张允,进一步突出了自己的长处和曹军的弱点。根据"曹军水寨,极其严整有法,非等闲可攻"的情况,周瑜与诸葛亮英雄所见略同,都觉得如今之际,火攻乃上上之策。但此计划急切之间也难实行:一是曹操也非省油之灯,怎么会轻易让对手得逞呢? 二是季节不对,秋冬之际,何来东风? 因此必须做好一系列的准备工作。

于是,赤胆忠心的黄盖暗献"苦肉计",诈降曹操,以便卧底取事,火烧曹军。但如仅有"苦肉计",没有人进曹营献降书,黄盖的挨打,也是白白受苦了一场,够冤枉的。因而,又有机智大胆的阚泽独往曹营,献上降书,终于骗取了曹操的信任。最后,足智多谋的庞统又献"连环计",把曹军的战船连锁在一起。至此,实施火攻的条件才初步成熟,在这一系列行动中,周瑜用人得当,计谋周密,环环相扣,计计得中,充分显示了他杰出的指挥才干。

当东风乍起,赤壁的大火燃烧在即,周瑜运筹帷幄,调兵遣将,采取一个个有力措施。他兵分六路,有的去烧曹军粮草,有的去烧曹军营寨,有的去阻击曹操接应之兵,有的作为各路接应。再看诸葛亮,下得七星坛,乘赵云接应的小船直奔夏口,便升帐坐定,调兵遣将:令赵云到乌林之西设伏,张飞去葫芦谷设伏,关羽到华容道设伏,糜竺、糜芳、刘封3人各驾船只绕江剿擒败军,夺取器械,刘琦回武昌,陈兵岸口,捉拿曹操逃兵。可以说,他们处处堵截,层层设伏,各种情况都在他们的掌握之中,时时事事皆有缜密安排,为曹军布下天罗地网,尽可能地扩大战果。

在军事上,有"步步为营"的战术,同样,在领导管理决策中,也要有环环相扣、逐层推进的管理艺术。所谓环环相扣、逐层推进,就是指对某一决策的规划,需要设计一系列相互关联的决策小目标,这些小目标因果相应、前后相继、逐浪推进,为最终实现总的决策目标创造条件。为什么要讲求这样的规划艺术?这是因为总的决策目标的实现,必须依赖于每一个小目标的实现。

万里长征需要一步一个脚印地前进,积跬步以至千里。重大战役的胜利,必须是每一个小战役的胜利,积小胜为大胜,并且事物的发展都有内在联系,每一个"小目标""小步""小战斗"都是"总目标""万里长征""大战役"的有机组成部分之一,牵一发而动全身,每一个小环节都是与整体息息相关的,因此,必须是环环相扣的。战役中的规划是如此,政府部门和企业经营中的规划也是如此,只有规划环环相扣,才能最终实现决

策的目标。

在现实生活中,很多领导的决策之所以会半途而废,不能善始善终,往往不是因为难度较大,而是因为他们缺乏成就事业的一个完整而长远的决策目标,把自己的计划放在孤立的环境中实施,不深入了解各个小计划之间的深层联系。可见,有时不是因为失败而放弃,而是因为决策不当而失败。赤壁之战中的两位"导演",就为我们提供了一个完美的"环环相扣,逐浪推进"中国式的决策艺术和典型案例。

古人常说:不积跬步,无以至千里;不积小流,无以成江海。千里之行,始于足下。因此,对于企业来说,所定的目标,应该是一个目标体系,即在人生总目标指导下的各个远、中、近期目标,大目标之下有各类中小目标。各个目标之间,还应该有很强的逻辑性、很强的张力,每一个小目标都是人生目标的分解,都是远大目标的"基因"和缩影,而每一个目标的变化和调整,都将对整个目标体系产生深远的影响。这就是中国式管理中既讲全局,又讲局部的决策细节。

心灵悄悄话

中国人做事喜欢未雨绸缪,一般在决定行动之前都会好好地盘算一下,好对可预见的未来有一个清晰的、有条理、有系统的打算。但这并不是说计划或决策是一成不变的。因为在决策的推行过程中,如果坚持不做任何变更,那么这个决策很可能就会被迫停止。因此在不改变决策目标本质的情况下,可以灵活机变一些,可以边做边修改边调整。这是中国式管理的一大特色。

有知而自认为无知

　　综观历朝历代做出重大决策者，无不具有一个共同的特征——表面上的"无知"或"无能"。决策者自认无知，才能转化为有知。也只有有知而自认为无知，才能求贤、寻贤、用贤而臻于大智大慧，也就是中国管理的最高境界之一——大智若愚。

　　刘备三分天下，宋江以群盗之首招安拜将，两个看似无能的"窝囊废"最终成就大事业，这就是中国式管理决策的独特之处。

　　《三国演义》《水浒传》情节虽有所不同，但有一个共同点，就是书中统率群雄的几位管理者——刘备、宋江，都是平常人看来的窝囊废，没有什么雄才大略，更无多少英雄气度。民间奚落刘备的江山是哭出来的，一遇到危险就痛哭流涕，演一出"悲情秀"；宋江武艺不如一寻常的地煞星，计谋不如吴用等人，却为一百单八将之首。

　　但我们若仔细分析一下就会发现，两人都具备"无能"之能，即个人的文武之资未必出众，但都有驾驭群雄、审时度势、借力打力、合纵连横的出众才能，更掌握一种要登堂入室、脱离草莽而必不可少的决策能力。而这些才能和方式在中国的政治生态和社会背景下，往往能克服自身的文才武略之不足，脱颖而出。

　　刘备从一个卖草席的破落皇族起家，本钱没法和挟天子以令诸侯、文武都有盖世之能的曹孟德相比，就是和守父兄之业、多谋善断的孙权相比，肯定也不是一个重量级的。但曹操偏要和他"青梅煮酒论英雄"，可见刘备的过人之处，同时也显露出作为乱世枭雄的曹操的独特眼光。刘备选择的策略完全是基于自身条件，套用一句流行语：即一切从实际出

发。先不断地依附群雄，他曾依附过刘焉、卢植、刘表等人。在此期间不断网罗了关、张、赵、诸葛等武将谋士，最后时机一到，自领益州牧，玩了个空手道，骗取了天府之地，此时便可和曹、孙一决雌雄。

而宋江广收天下英雄，积累了雄厚的人脉关系后，最后因为浔阳江头题写了反诗，在法场上被众兄弟劫了后，终于决心上梁山。此时上梁山正是恰到火候。如果杀了阎婆惜就上梁山，他无非是林冲那样避祸上山，虽然有大恩于晁盖，但终不免有寄人篱下的味道。等到白龙庙小聚义时，再上梁山，自己搜罗的新人马已经超过晁盖的旧部，此时上山不再是投奔，而是两支部队在江西的九江胜利会师。

宋江被晁盖等人救出后，对晁盖表白："小弟来江湖上走了这几遭，虽是受了些惊恐，却也结识得许多好汉。今日同哥哥上山去，这回只得死心塌地，与哥哥同死共生。"首先撇清自己的功劳，并非空手上山，而是有功于梁山，其次再撕掉当初满口忠孝，不反官府、不违父命、不从草寇的面纱，表达了铁心从寇的决心。

如果宋江再晚上梁山，如卢俊义那样，梁山事业进行得如火如荼，再上梁山有投机的嫌疑，而且无尺寸之功，甭说想代替晁天王，即使想坐第二把交椅，恐怕梁山众人都不会服气。宋江有吏的圆滑手段，吏的通达精明，其驾驭群雄之能力远超晁盖，而晁盖徒有匹夫之勇和江湖义气。

宋江刚刚上梁山，就表明了自己作为首领的"天然资源"。当时童谣传曰："耗国因家木，刀兵点水工。纵横三十六，播乱在山东。"所应的就是我宋公明，上天叫我做梁山的首领，这便是天然合法性。再加上九天玄女授兵书，梁山石碣排座次这些把戏，更是强化其作为首领的合法性。

宋江虽然具有梁山首领的合法性，但他不愿意在造反这条路上走到黑，必须漂白自己，最终修成正果。那么只有两条路——打下东京当皇帝，梁山还不具备这个实力，只有受招安当大官了。宋江一旦确定了招安的目标，那么必须舍弃"播乱在山东"这样的"天命"，进行革命方针的转移，那么此时的道德资源就是"忠义"——而且忠必须在义之前。从"播乱"到"忠义"的蜕变，便是"造反"到"招安"的理论准备。宋江非常明白理论准备的重要性,在排定座次后,推行"忠义"之说,使他掌握并主导了招安。

古语说得好:**千军易得,一将难求。决策者的素质和智慧才是攸关成败的关键。**所以总经理对公司运营的好坏,其影响力会高达 70% 以上。不要看中国的经理们平日里不动声色,其实那只是表象,或为迷惑竞争对手,或为故意示弱于人,一旦时机成熟,你便会充分领略他们平时不为人知的大智慧。

心灵悄悄话

外宽内合,用人以信,这是领导者的用人策略。领导者要建立一个比较完善的领导系统,在选拔好了人才以后,应该做好如何用人的决策。如果用得不当,则不会取得预期效果;如果用得得当,就可能取得事半功倍的效果。因此作为领导者要以至诚待人,要以人为本进行管理,中国式管理特别强调这一点。

第四篇

不会创新就要挨打

创新意味着改变,所谓推陈出新、万象更新、焕然一新,无不是诉说着一个"变"字;创新意味着付出,因为惯性作用,没有外力是不可能有改变的,这个外力就是创新者的付出;创新意味着风险,从来都说一份耕耘一份收获,而创新的付出却可能收获一份失败的回报。

自信心不足,点子不能成为行动,行动不能得到坚持;缺乏激情,创新没有动力,思维会僵化,行动会迟缓;没有责任心,创新风险容易失控,即便成功可能也难取得持续进步。

决策者就要打破常规

真正的有胆识,是需要决策者思考问题时打破常规,突破定式。决策者能够从多个不同角度、多个不同方面,以不同的思路去思考问题,抓住问题本质,客观和正确地分析、判断,这样易于产生新颖的设想,拿出高人一筹、与众不同的主意和谋略,使谋略更具有机动性和灵动性,从而获得决策的巨大成功。但并不是说凡是"新"的就是好的,创新,并非"闻"新就上,更不是异想天开。

有些人就是没有把握创新的真正实质,而是盲目追求形式的创新,结果导致不可收拾的局面。鉴于"新鲜的东西人人喜欢"这一心理因素,有人就得出了发展决策的主题应贵在"新"的结论,于是对"新新"类的开发项目兴趣大增,对一些新鲜的想法大开绿灯,根本不去理会什么市场预测,更不管什么调研周密与否、信息足够与否。然而,不幸的是结果却事与愿违,曾经幻想的大好蓝图被无情的市场罩上一层灰蒙蒙的阴影。这种典型的简单"求新"思想,让很多企业都付出了昂贵的代价。

可见,这种简单的求新意识,并不是创新,而是异想天开,不符合市场需求的"新"决策,也必然不会被市场所接受。

决策者拥有创新思想固然是好事,但"越新越强"并不是决定决策成败的标准。因此,任何一个决策的制定和实施,都必须深深扎根于市场,扎根于消费者,真正适应消费者求新、求变的心理。要找到或制造决策的"新"市场的"需求"的交叉点,并沿着这个交叉点升华延伸。实践证明,这样的决策才能有强大的生命力和市场冲击力,历久不衰。

从需要出发的创新才是有价值的创新

创新不能单从主观愿望出发,如果违背了客观规律,或者从主观上认为这是为别人好,而不考虑别人是否需要,这样的创新没有不失败的。

缺乏市场需求或脱离消费水平的创新技术,最终被束之高阁。以市场为导向,从实际出发、从需要出发的创新才是有价值的创新。

海尔集团董事局主席张瑞敏曾说:"创新就是创造有价值的订单。"在张瑞敏看来,有价值的订单其实就是市场需求,企业不是为创新而创新,而是为了满足市场需求而创新。创新的方向取决于市场的意愿,创新的成果需要市场的检验。

海尔现在是世界知名品牌,而人们意想不到的是,帮助海尔叩开美国市场的是一款看似平常的酒柜。

美国人习惯在日常生活中喝一点葡萄酒,酒冷藏在厨房的大冰箱里,而喝酒常常是在客厅,很不方便。海尔的型号经理在市场调研过程中发现了这个需求,立即着手设计,对传统饮料柜进行改进,使它适应冷藏葡萄酒的需要。这款产品投放到美国市场后,一炮而红,成为美国家庭的时髦家电,而一个小小的"海尔"酒柜的售价,足够买一台大冰箱。

现在的海尔集团里已经没有仅仅完成上级下达的设计任务就算完事的设计师了,对此,张瑞敏说:"设计师原来是要设计产品,现在是要设计市场,设计用户需求,如果每一个设计师都去创造市场,创造用户,那么这个集团肯定是充满了活力,它会有非常大的市场。"

只有满足并不断创造顾客的需求,企业才能获得持续发展。对于企业来说,创新就意味着为顾客创造新的价值和新的满足。

企业技术创新的实质就是满足并创造顾客的需求,就是创造有价值的订单,就是顾客满意度的最大化。

因此,无论是技术创新还是技术引进,都必须坚持以市场为导向,从实际出发、从需要出发的创新才是有价值的创新,才能真正有利于提高企业自身的竞争力。

心灵悄悄话

拿破仑·希尔说:"很多思路敏捷、天资很高的人,却无法发挥他们的长处参与讨论。并不是他们不想参加,而只是因为他们缺少信心。"这些人常常会对自己许下诺言:等下一次再发言,然而等到下一次时,他们心里又打起了退堂鼓。因为每推托一次,消极的因素就会滋长一些,如此,自信心越来越少,自卑感却越积越厚。

创新也要合乎情理

　　以"新"开拓市场固然重要，但要合乎情理。**创新必须建立在符合客观实际与客观规律的基础之上，只有建立在符合客观实际与客观规律基础之上的创新才是真正的创新，才具有无限的活力与生命力。**如果只从主观愿望出发，创新势必会出现偏差、走弯路，甚至失败。

　　1985 年 4 月 23 日，可口可乐公司董事长罗伯特·戈伊朱埃塔宣布了一项惊人的决定。他宣布经过 99 年的发展，可口可乐公司决定放弃它一成不变的传统配方，原因是现在的消费者更偏好口味更甜的软饮料，为了迎合这一需要，可口可乐公司决定更改配方调整口味，推出新一代可口可乐。

　　可口可乐公司作出改换口味的决定，是希望借此将其饮料王国的强劲对手置于死地。在 20 世纪 80 年代，可口可乐在饮料市场的领导者地位受到了挑战，可口可乐在市场上的增长速度从每年递增 13% 下降到只有 2% ，其原因是竞争对手百事可乐来势汹汹，它先是推出了"百事新一代"的系列广告，将促销的锋芒直指饮料市场最大的消费群体——年轻人。

　　在第一轮广告攻势大获成功之后，百事可乐公司仍紧紧盯着年轻人不放，继续强调百事可乐的"青春形象"，又展开了号称"百事挑战"的第二轮广告攻势。在这轮攻势中，百事可乐公司大胆地对顾客口感试验进行了现场直播，即在不告知参与者在拍广告的情况下，请他们品尝各种没有品牌标志的饮料，然后说出哪一种口感最好。试验过程全部直播，百事可乐公司的这次冒险成功了，几乎每一次试验后，品尝者都认为百事可乐更好喝。"百事挑战"系列广告使百事可乐在美国的饮料市场份额从 6%

猛升至14%。

可口可乐公司不相信这一事实，也立即组织了口感测试，结果与"百事挑战"中的一样，人们更喜爱百事可乐的口味。市场调查部的研究也表明，可口可乐独霸饮料市场的格局正在转变为可口可乐与百事可乐分庭抗礼。20世纪70年代18%的饮料消费者只认可口可乐这一品牌，认同百事可乐的只有4%，到了80年代只有12%的消费者忠于可口可乐，而只喝百事可乐的消费者则上升到11%，达到与可口可乐持平的水平。而在此期间，无论是广告费用的支出还是销售网站，可口可乐公司都比百事可乐公司高得多。

可口可乐新的领导者戈伊朱埃塔认为，尽管可口可乐公司广告开销巨大、分销手段先进、网点覆盖面广，但市场占有率却还是一直在下滑，其重要的原因是可口可乐那曾经是神圣不可侵犯的、已经使用了99年的配方，似乎已经不适合今天消费者的口感要求了。

可口可乐公司技术部门决定开发出一种全新口感、更惬意的可口可乐，并且最终拿出了样品，这种"新可乐"比可口可乐更甜、气泡更少，因为它采用了比蔗糖含糖量更多的谷物糖浆，它的口感柔和且略带胶黏感。

可口可乐公司在研制新可乐之前，曾秘密进行了代号"堪萨斯工程"的市场调查行动，它出动了2000名市场调查员在10个主要城市调查顾客是否接受一种全新的可口可乐，问题包括："可口可乐配方中将增加一种新成分使它喝得更柔和，你愿意吗？""可口可乐将与百事可乐口味相仿你会感到不安吗？""你想试试一种新饮料吗？"调查结果表明只有10%~12%的顾客对新口味可口可乐表示不安，而且其中一半表示会适应新的可口可乐，这表明顾客们愿意尝试新口味的可口可乐。

在新可乐的样品出来后，可口可乐公司组织了品尝测试，在不告知品尝者品牌的情况下，请他们说出哪一种饮料更令人满意，测试的结果令可口可乐公司兴奋不已，顾客对新可乐的满意度超过了百事可乐。市场调查人员认为这种新配方的可乐至少可以将可口可乐的市场占有率推高1%~2%，这就意味着多增加2亿~4亿美元的销售额。

为了确保万无一失,可口可乐公司倾资400万美元进行了再一次规模更大的口味测试,13个最大城市的超市19万名顾客参加了测试,55%的品尝者认为新可乐的口味胜过了传统配方的可口可乐,而且在这次口感测试中新可乐再次击败了对手百事可乐。

新可乐即将投产,目前面临的问题是:是为"新可乐"增加新的生产线呢,还是彻底地全面取代传统的可口可乐呢?可口可乐的决策层认为,新增加生产线会遭到遍布世界各地的瓶装商的反对,公司最后决定"新可乐"全面取代传统可口可乐,停止传统可口可乐的生产和销售。

在"新可乐"全面上市的初期,市场的反映相当好,1.5亿人在"新可乐"面世的当天就品尝了它,但很快情况有了变化。

在"新可乐"上市后的一个月,可口可乐公司每天接到超过5000个抗议电话,而且更有雪片般飞来的抗议信件,可口可乐公司不得不开辟了83条热线,雇用了更多的公关人员来处理这些抱怨和批评。有的顾客称可口可乐是美国的象征,有的顾客威胁说将改喝茶水永不再买可口可乐公司的产品,更有忠于传统可口可乐的人们组成了"美国老可乐饮者"的组织在发动全国抵制"新可乐"的运动,而且许多人开始寻找已停产的传统可口可乐,这些"老可乐"的价格一涨再涨。面市后两个月,"新可乐"的销量远远低于公司的预期值,不少瓶装商强烈要求改回销售传统可口可乐。

此时,百事可乐火上加油。百事可乐总裁斯蒂文在报上公开发表了一封致可口可乐的信,声称可口可乐这一行动表明,可口可乐公司正从市场上撤回产品,并改变配方,使其更像百事可乐公司产品。这是百事可乐的胜利,为庆祝这一胜利,百事可乐公司放假一天。

公司的市场调查部门进行了紧急的市场调查,一月前还有53%的消费者声称喜欢"新可乐",可现在一半以上的人说他们不喜欢"新可乐",再过一个月,认可"新可乐"的人只剩下不到30%。这时决策者才突然发现,原来支持老口味的人才是真正的绝大多数。

"新可乐"面市后的三个月,其销量仍不见起色,而公众的抗议却愈演愈烈。最终可口可乐公司决定恢复传统配方的生产,其商标定名为可

口可乐古典,同时继续保留和生产"新可乐",其商标为新可乐。

可口可乐不得不回到过去的老路,新配方计划在蒙受了重大损失之后以失败而告终,《纽约时报》更是将可口可乐更改配方的决策称为美国商界100年来最重大的失误之一。

可口可乐公司的失败,是由多方面因素造成的,而最重要的原因是决策的不当。首先,在作出决策时,可口可乐公司对市场的预测盲目乐观,对其决策的风险估计不足,并缺乏对付风险的后续计划,最终导致失败。其次,可口可乐公司从调查中认识到"新可乐"能为公司的发展带来新气象,却没有真正分析出顾客的心理要求,而作出以"新可乐"全面取代传统可口可乐、停止传统可口可乐的生产和销售的决策,以致失去了在发现问题后及时调整生产、减少损失的时机。

企业产品的改进不能凭经营者主观而定,必须根据消费者的需求而定。可口可乐改变配方,虽然请专家进行科学研制,亦进行过口味调查,但是,对已习惯了老配方口味的消费者,只对老配方产品有需求,对新配方可口可乐未适应,因此导致上述的失败,竞争者也就乘虚而入。"顾客是上帝"此话在市场经济环境下是不无道理的。市场需求决定着产品的开发、改进,也决定着企业的生存与发展。

心灵悄悄话

如果你的自信心因为一连串的不幸打击正在丧失,你不妨采取这种方法来挽回被动局面。首先,把你面临的各种各样纷繁复杂的事务逐一列出,然后选择其中最容易、最有把握完成的事去做。成功之后,再接再厉,去实现另一个目标。在一个时期内尽量避免承受打击,待信心恢复之后,再向较难实现、意义较大的目标迈进。

靠创新持续成功

成功,必然是从创新入手,在创新中成功,靠创新持续成功。

唯有创新才能脱颖而出,才能战胜自己、超越竞争。微软的成功就是最好的例子,紧紧抓住最具潜力的新兴产业,紧紧抓住新兴产业中最具"控制力"的项目,然后通过创新不断淘汰自己的产品。

20世纪最著名的经济学家之一熊彼得先生认为,企业家成功的原动力就是创新。他同时列举了企业家应当具备的能力:

(1)发现投资机会;

(2)获得所需的资源;

(3)展示新事业美丽的远景,说服有资本的人参与投资;

(4)组织这个企业;

(5)承担风险的胆识。

所有成功的企业家,无不经历这个过程,无不具备这些能力。在这些能力里,可以看出,创新能力(创造力)可体现为洞察力、预见力、想象力、判断力、决断力甚至行动力,等等。

据说几年前的某一天,比尔·盖茨从其西雅图总部附近的一家餐馆走出来。一个无家可归者拦住他要钱。给点钱自然是小事一桩,但接下来的事却令见多识广的比尔·盖茨也目瞪口呆——流浪汉主动提供了自己的网址,那是西雅图一个庇护所在互联网上建立的地址,以帮助无家可归者。

"简直难以置信,"事后盖茨感慨道,"Internet是很大,但没想到无家可归者也能找到那里。"

今天,比尔·盖茨的微软给互联网带来了统一的标准,也带来了前所未有的垄断。其视窗(Windows)操作系统几乎已成为进入互联网的必由之路,全世界各地的个人电脑中,92%在运用 Windows 软件系统。更值得一提的是,过去两年来,微软共投资及收购了 37 家公司,表面看起来好像是一种随心所欲的资本扩张行为,但只要把这 37 家公司排在一起分门别类,立刻就会令人大惊失色!因为这 37 家公司所代表的竟然是网络经济的三大命脉:互联网络信息基础平台、互联网络商业服务、互联网络信息终端。微软不仅统治了现在的个人电脑时代,而且已经开始着手统治未来的网络时代!

难怪美国司法部要引用反垄断法控告微软。

但比尔·盖茨从容地说:

"微软只占整个软件业的 4%,怎么能算垄断呢?"

盖茨的话也自有他的道理,因为软件的形态与工业时代的规模和产品建立的垄断已有明显区别。实际上,微软已不仅仅是单纯的垄断,只有"霸权"才能更确切地描述微软的真实。因为操作系统是整个电脑业的基础,微软以核心产品的垄断获得了对整个软件行业的霸权,使得垄断操作"稀释"和掩饰在更大范围的霸权之中,与单纯的数量份额和比例等有关垄断的硬性指标已无明显关系。

软件业的霸权是一种独特的霸权,是知识的霸权、创新的霸权。

正如松下幸之助所言:

"今后的世界,并不是以武力统治,而是以创意支配。"

心灵悄悄话

当今世界瞬息万变,只有那些能随时适应和主动应变的决策领导者,方可抓住先机,准确出击,从而做出最佳决策。

用逆向思维解决棘手问题

逆向思维是创新突变的根本方式。对于领导者而言,从逆向思维入手,解决棘手问题,应是化解矛盾的最好方法。

老子曰:"反者,道之功也。"意思是一种反常规的做法往往是万事万物运动规律的体现,这也就说明了领导者一定要具体问题具体分析,绝不能墨守成规。

英国的麦克斯亚郡曾有一个妇女向法院控告,说她丈夫迷恋足球已经到了无以复加、不能容忍的地步,严重影响了他们的夫妻关系。她要求生产足球的厂商——宇宙足球厂赔偿她精神损失费 10 万英镑。在我们看来,这一指控毫无道理。但在结果宣判之前,种种迹象表明,这位妇女的要求得到了大多数陪审团成员的支持。想到马上就要支付巨额的赔偿费,宇宙足球厂的老板很是忧虑。

这时,宇宙足球厂的公关顾问认为,对公司来说,问题的关键就是这位妇女的控告让公司损失了大笔的钱,要是能通过这次控告重新赚回损失的钱,问题不就迎刃而解了吗?于是,他向公司建议:与其在法庭上与陪审团进行无谓的陈述,还不如利用这一离谱的案例,为公司大造声势,向人们证明宇宙厂生产的足球魅力之大。于是,他们与各媒体进行了沟通,让他们对这场官司进行大肆渲染。果然,这场官司经传媒的不断轰炸后,宇宙足球厂名声大震,产品销量一下子就翻了 4 倍。与损失 10 万英镑比起来,宇宙足球厂算是因小祸而得了大福。

逆向思维是反过来思考问题，是用绝大多数人没有想到的思维方式去思考问题。运用逆向思维去思考和处理问题，实际上就是以"出奇"去达到"制胜"。因此，逆向思维的结果常常会令人大吃一惊，喜出望外，别有所得。

由于受习惯性思维定式的影响，我们在解决问题时往往沿着一个方向找出路，结果有些问题是百思不得其解。然而当我们运用逆向思维，从反面想问题时，常有一种"山重水复疑无路，柳暗花明又一村"的感觉，会觉得思路豁然开朗，问题也会迎刃而解。

反过来想想

领导者在决策过程中，不仅要善于抓住自己"思想火花"的每一次闪现，而且应该有意识地利用逆向式思维进行决策。

在企业管理决策上，国外有些有才干的企业家很推崇运用"倒过来思考"的方法。他们认为，现在世界上的一切变化都很快，如果你总是用老眼光，只会用常规的方法，那就势必落后，导致失败，因此必须重视运用反常规的思考方法。在20世纪初，美国福特汽车公司总经理福特就提出过这样的观点：一个人按照常规的办法办事，在生活上是许可的，但在经营上却是注定要失败的。

为了克服固定的、习惯性思维的消极作用，决策者应该时常提醒自己："从逆向去思考会怎样？"对有些问题还可以大胆地问一下自己："颠倒一下行不行？"

一位叫德瑞克的美国人，发现了从石油中可以分离出代替鲸油的煤油。在当时，这肯定是一个发财的好点子。但他面临着一个头痛的问题，那就是如何将地底下的石油采集上来。

为此事而烦的德瑞克先生，有一天突然听到了附近的一个农户正在抱怨，在地下打的水井，总是渗入了讨厌的石油，弄得水井无法使用。在这一瞬间，德瑞克先生脑袋一转，这不正是一个绝妙的好方法！只要用打水井的方法，在地下钻一个井，不就可以像抽水一般，抽取石油吗？

但欣喜若狂的他，将这个设想说出来之后，却引来了一片嘲笑声。在当时人们的眼里，这简直就是天方夜谭。水井怎么可以用来抽石油呢？没有被嘲笑声吓倒的德瑞克先生，决定做一个尝试，他在宾州的一块土地上，开挖了世界上第一口钻井。

过了没多久，他成功了。钻井里涌出了源源不绝的石油，那里更成为世界上第一块油田。而直至今天，全世界都还在使用着他所构想出来的钻井方法。

对于农民来说，水井涌入这种可恶的石油，确实是一件讨厌的事情；但对于德瑞克来说，却正是解决难题的良方。

也许，换一种想法，多一条思路，正确的决策就找到了。因此，决策者在思考问题的时候，要试着跳出传统思维的怪圈，认清问题背后的问题，抓住机遇中的机遇。

日本丰田公司总裁丰田喜一郎说：**"我这个人如果说取得了一点成功的话，是因为我什么问题都爱倒过来思考。"**事实证明，企业决策中巧妙地运用逆向思维，常会取得出人意料的成果。

多些逆向思维

企业要开拓市场，需要多一点的"逆向思维"才好。运用逆向思维推出新产品，领域广阔，但是在我们的周围，善于逆向思维的生产经营者却不多。时下常听到一些企业在诉苦：在当今买方市场下，同类生产厂商太

多,生意真不好做!这也许是事实。

长期以来,由于不少企业经营者在产品开发上喜欢"一哄而上""赶热产品",盲目随从,结果导致同行排斥,互相杀价,以致两败俱伤。企业在开发产品上少根弦,没有求精求变和逆向思维意识,就难免会使自己陷入困境。

高明的企业家应该采取"人下我上,人上我好,人好我廉,人廉我转"的方针。以此来开拓市场,占领市场,赢得市场。

当然,运用逆向思维进行企业决策并非易事,决策者首先必须摸清行情,了解市场;再根据本企业的可能条件作出生产经营决策,这样逆向生产经营才能有成功的把握。

如何在激烈的市场竞争中占据到自己的一席之地,这是许多企业生存发展经常面临的话题。特别是一些中、小型的企业由于受到技术、资金的限制,往往在一些热门产品上被市场牵着"鼻子"跑,市场紧俏就跟风生产,市场疲软就困坐愁销。如此还不如"人弃我取",在别人认为没有赚头的荒地里"淘金",挖掘新的"卖点"。

在20世纪80年代初,美国人吃黄豆制品蔚然成风,随之而来的是对豆制品加工机械的需求日益增长。然而,美国机械制造商那时只专注于科技含量高、先进的机械产品,没有厂家愿意搞这些简单、"落后"的加工机械。此时,有位台湾机械制造厂商瞄准了这块被美国人丢弃的"荒地",迅速开发制造出豆制品加工机械,结果抓住了大洋彼岸的这一市场契机,捷足先登,很快占领了美国市场,仅当年的创汇额就达1000多万美元。

从这个成功的实践中我们不难看出,"人弃之处"或许正蕴藏着勃勃的商机,经营者只要细心挖掘、用心寻找,在"垃圾里淘出金子"又有什么不可能的呢?

逆向思维对领导者提出更高的要求,它要求领导者决策时目光敏锐、思维敏捷,看问题深刻,善于捕捉信息,对事物进行逆向的创造性思维,从现实趋势中开拓出崭新的思路。

总而言之,逆向思维在决策中有着积极的重大作用,愿我们的领导者掌握并运用它,使自己的决策更加合理、科学、正确,以达到预期的目的。

心灵悄悄话

在决策过程中,决策者的各种决策条件分为可控条件与不可控条件两大类。决策者的任务就是运用主观的可控因素,去适应客观环境中广泛存在着的不可控因素。这就要求决策者把客观环境中的一切变化,敏锐地转化为主观头脑中的认知特征,并根据本组织的可控条件,果断地做出抉择。

第五篇

目标合理决策才可行

决策者对任何一个决策的实践，都是为了达到一定的目标。而决策，就是为了选取达到目标的尽可能好的策略。目标，在决策中的地位举足轻重，正如一列火车，如果火车在错误的铁路线上，那么，它所到达的每一个车站都会是错误的车站。所以，制定决策就必须首先考虑目标问题。

确定自己的经营目标，是保证决策走向成功的第一步。有了目标，决策就有了明确的目的，制订达到该目标的各种方案才能成为可能，否则决策就无从谈起。

目标正确决策才能成功

所谓目标,是指在一定条件下,根据需要和可能,在预测的基础上所企求的终极要求,或决策所要获得的结果。

确定自己的经营目标,是保证决策走向成功的第一步。有了目标,决策就有了明确的目的,制订达到该目标的各种方案才能成为可能,否则决策就无从谈起。

确定目标是决策中的重要一环,目标一错,失之毫厘,谬以千里。明智的决策者有这样的体会:"目标一旦定好,决策问题已经解决一半。"

英国剑桥大学管理学专家肯尼特·琼有句名言:**"决策就是从没有目标中找到目标,即确定目标是决策本身的目标。"**

一家企业希望生产一种能满足大众家庭所用的产品,希望能大量生产并且赢利。如果这是一家生产电器的企业,那么它生产什么电器呢,电视机、洗衣机、电冰箱、电饭锅? 企业必须有一个明确的目标范围。选定一个目标范围必须分析预测出它究竟一年可销售多少,消费者需要什么样的款式和规格,大众对这类产品的价格承受能力如何,企业自身生产能力能否达到要求,市场竞争和发展趋势怎样,是否具有这个经营目标的优势等,这些都要进行具体分析,使每一项的分析结论成为确定经营目标的根据。

乔安娜·多尼格是英国伦敦的时装设计师。有一次,她的一位女友因要出席皇家宴会而没有合适的晚装,焦急得如同热锅上的蚂蚁。这事令乔安娜醒悟到,女士们遇到这一困境是很有普遍性的,在英国这个注重表面礼仪的社会,社交活动很多,参加社交活动对穿着非常讲究。但大多数人收入并不十分多,买不起华贵的服装,如果付较少的钱,就能在一夜中穿上名贵的时装出席高贵的活动,这确实是省钱而光彩的事。

乔安娜为此作了大量调查,证实自己的分析和预测是准确的,于是,她确定开展晚装租赁业务作为经营的目标。

乔安娜的租赁生意十分兴旺。后来生意越做越大,最后富甲一方。到她那里租礼服的女士们毫不介意地告诉别人,自己的晚装是租来穿的。人们并不认为这不光彩,反而觉得合算及明智。

在欧美社会,女士们穿的礼服不管多么华丽名贵,若连续在晚会场合出现三次,人们便会窃窃私语,穿者自然感到有失体面。因此,无论多好的晚礼服,也只能显赫一两次。这样,不但使普通收入的人们烦愁,连有钱人也操心。乔安娜看准了这种消费市场,她确定租赁晚礼服这个经营目标,并因此大发其财。

经营企业的关键在于目标的选择,设立了正确的决策目标,是通向经营成功的第一道门。打开这一大门关键靠决策者的眼光和判断力,管理者必须学会选择经营目标,决策目标的选择可从各种渠道去寻找和调查。乔安娜就是从女友出席皇家宴会而没有合适的晚装而很焦急这一点上挖掘出经营目标的,从而获得了成功。

在西方有这么一个笑话:一位企业家在经历过一次重大决策的失败后,对自己的员工说:谁要能给我找来治疗痛苦的药,谁就是最好的员工。一个员工说:"10天以后,我一定找来!"结果到了第十天,这位员工到办公室高高兴兴地看着老板说:"你好了吗?"这位老板却完全是一副不知所云的样子,员工于是笑着说:"你不能成功,是因两手空空,假如左手抓住时间,右手抓住目标呢?"

这个笑话也同样说明,决策不能没有目标!

做任何事都一样,都必须有一个清晰、明确的目标。如果没有这样一

个目标,我们就会像无头苍蝇一样,瞎碰乱撞。人生没有目标,只能虚度终生,毫无意义。决策没有目标,甚至连"瞎猫逮着死耗子"的可能都没有。

决策目标是指决策要达到的目标。决策目的明确与否,直接关系到决策效果的好坏。决策目标明确了,选择就会有依据,行动就会有针对性。决策目标不明确,选择就会发生偏移,甚至会出现南辕北辙的惨痛后果。

在第二次世界大战中,就曾发生过因目的不明而一时不知如何决策的例子。

第二次世界大战期间,美国作为盟军的大后方和军火生产基地,为了把武器尽量多、尽可能快地运往西欧前线,就连商船也加入了运载军火的行列。为了使这些商船免受德军飞机的封锁和攻击,美海军指挥部决定在商船上安装高射炮。但是,过了一段时间发现,这些高射炮竟然没有击毁一架敌机。于是,海军指挥部有人提出没有必要在商船上安装高射炮的问题。

针对这一问题,盟军海军运筹小组研究后发现,把在商船上安装高射炮这一决策的目的定为击毁敌机是不妥当的。这一决策的正确目标,应是尽量减少被击沉的商船数,从而保证军火供给。虽然安装在商船上的高射炮没有击毁一架敌机,但实践证明,它在减少商船损失、保证军火供给上却是卓有成效的。因此,美国海军指挥部最终否决了"不在商船上继续安装高射炮"的错误意见,而实施了在商船上继续安装高射炮的正确决策,从而保证了盟军的军火运输。

试想,如果盟军海军运筹小组不进行深入研究,而在错误的决策目标指引下采用"不在商船上继续安装高射炮"的决策,那么,盟军的军火供给线肯定会遭到德军的严重破坏。

如果你是一位企业的领导人,做决策时没有一个明确的目标,结果你会发现你的决策效果就像放空炮,弄得你贻笑大方;又或者你做决策时虽然有一个目标,但结果却跟真正要解决的问题毫无关系——这种目标,跟没有目标一样,甚至比没有目标还差!

目标是决策的方向,没有目标决策就会失去方向,属于无的放矢。这种做法,领导在决策时一定要避免。

心灵悄悄话

决策者在决策过程中要做到善于识变、适变、应变,必须突破传统的、过时的观念形态,必须突破决策者自身认识上存在的局限性,克服以往思考问题时的心理定式,实事求是地用发展的眼光去看待变化着的各种决策情境。只有这样,才能在决策中顺应时代的潮流,去适变、应变。只有认清了发展趋势,才能预测未来,主动求变,刻意求新,开拓发展。

切合实际才能做出正确的决策

有这样一则寓言故事:有一群老鼠,吃尽了猫的苦头。于是,它们坐下来讨论对付猫的方法。鼠王要求,这种方法能够一劳永逸。

老鼠们商量来商量去,也想不出一个好主意。最后,还是鼠王"高明",想出了一个主意。它认为最好的办法就是给猫挂个铃铛。这样,铃铛一响,老鼠们就知道猫来了,这就等于给老鼠们报了警。

老鼠们一听,顿时佩服得五体投地。但等它们要落实这一"战略目标"的时候,却发现这个办法好是好,但谁去给猫挂铃铛呢?从鼠王到众鼠,都不具备给猫挂铃铛的能力和绝技。

鼠王的"战略目标"不能说不高明,但是这一"战略目标"的制定,却远离了鼠国的"国情",背离了众鼠们的实施能力。于是,鼠王的"战略目标"就成了难以落实的空想了。

这则寓言故事告诉我们:**战略决策的制定,必须要从实际情况出发。要想保证决策的正确性,就要考察企业的实际情况。任何脱离实际情况的决策都是无意义的,都会给企业带来灾难。**

决策变成脱离实际的空想,在许多企业中,大量的战略决策都以失败告终,我们往往将这个结果归咎于执行力问题。但事实往往并非如此,企业的许多战略决策,其失败的根本原因在于:这些战略本来就是不切实际的一个空想和一纸空文,是由企业高层领导的美好愿望转化而来。而实质上,战略决策的关键在于:实事求是,理论联系实际,从实践中来,到实践中去。这正是目前大多数企业战略和决策中的重大问题所在。由于企业的高层和中下层信息传导的严重脱节,使企业高层变成一个"瓶中的大脑",导致企业的高层决策注定成为一种脱离实际迫切需要,也不符合实际真正环境的空想。

作有根据的决策,而不是不切实际的空想

所谓空想决策是企业进行决策时不是以客观事实为基础,而是以主观想象代替客观事实,先入为主。企业在产品的设计、开发、销售通路的选择及广告策划时最易进行空想决策。决策时,各种方案的制订不是以对市场进行充分的调查为基础,既未从宏观上把握市场需求的总体规模,又没有分析具体的消费群体的各方面特征。如年龄、性别、收入、文化教育程度、价值取向、生活习惯等。相反,企业决策往往是以主观设想为基础,其失败在所难免。

我国南方某国营电视机厂几年来效益一直不佳,尤其是在国内电视机厂家希望把产品出口到东南亚国家后,泰国成了其首选目标。但是,该厂在出口之前根本没有做过任何市场调查,对于当地的生活习惯、生活习俗不甚了解。在这种情况下,起初,该厂根据我国人民的传统喜好,在专供出口的电视机上使用红色,以增加喜庆气氛,从而有助于销售。谁知产品在泰国销路不畅,迟迟找不到大客户。据反映,因为当地居民认为只有救火车才用红色,给人以警惕感。在烈日炎炎的夏天,电视机摆在家里就像一团熊熊燃烧的火焰,使人更觉得酷热而烦躁;而且泰国人认为,红色象征着血,红色电视机给人血淋淋的感觉,令人望而生畏。

后来,该厂又把电视机外壳的颜色改为灰色,这在日本和欧洲国家被认为是种比较有情趣,比较典雅、安静的色彩。但是,市场对这种色彩的电视机反应却更为冷淡。因为泰国人崇尚佛教,死人时常焚烧锡箔以超

度亡灵。他们认为电视机壳的银灰色与锡箔纸的颜色相近。这种颜色的电视机摆在家中会招来灾难,不吉利。

那么,究竟什么颜色才能迎合泰国人的喜好呢? 同行的另一家电视机厂的做法则较之高明得多。他们一方面组织美术设计人员去泰国逛公园,想从泰国人居住、娱乐的周围自然环境中寻找答案;另一方面派人与泰国的一家咨询公司联系,组织人员去调查民俗,最后发现蓝色比较为泰国人所喜爱。于是该厂投其所好,把电视机外壳设计为蓝色,经过不断改进最终定为孔雀蓝,赢得了泰国人的喜爱,这种电视机在泰国市场上的畅销自不必待言。

而第一家电视机厂积压了大量红色、灰色电视机,出口出不去,在国内更无人问津。国内彩电行业的竞争已进入白热化,各名牌电视机正一路杀价,许多小厂早已破产或被兼并,这家电视机厂最后也难逃破产之劫。

企业进行任何决策都要充分考虑各方面的因素,对已经占有的信息,要充分利用和分析,对于不熟悉的情况要及时向外界机构进行咨询或独立地进行市场调查。很多时候,市场中似有明显的需求,但是更重要的是了解消费者的心理,只以主观猜测,不做市场调查,未必尽会失败,但毕竟成功的几率不大。

心灵悄悄话

不同的决策者在应变中能够发挥自身的不同的优势,尽可能地挖掘其可控因素的最大潜能,利用不可控因素中的有利条件,克服不利条件,做出最有利的决策。而不能面对变化了的环境无能为力,更不能熟视无睹、抱残守缺、无所作为。应变的最好办法就是在科学预测的基础上的主动求变,不断创新,不断取得成绩。

找到最佳的坐标点

英国管理学大师考尔曼·奎斯特俏皮地说:**"预测不是在决策面前随意玩耍,而是要到一种经营观念的坐标中去寻找真相。"**的确如此,坐标的选择,能对决策的预测产生重大的影响。坐标好比是物理学中的参照物,选择不同的坐标,对决策预测的影响也大不相同。

预测的坐标(决策者用以判定成功或失败的因素)能用来判定决策,同样的也能用来判定预测的范围。

在决策预测上,坐标的作用就像图画或原图的中心焦点。如同技术纯熟的画家能在帆布上选择最佳的焦点,技术纯熟的决策者也能在处置问题时选出最佳的坐标。

一位经理主管在一次决策中发现了控制坐标的重要性,当时他面临员工对平均加薪仅5%有严重不满情绪。该公司的利润近来已增至近20%,公司的员工便以公司利润与当时通货膨胀率两者为坐标。在经过一次小小的研究后,这位经理主管改变了下属的坐标。他清楚地知道,在当地,该公司的一家主要竞争厂家仅同意加薪3%,此外竞争对手公司内流传着减员的谣言。他向该公司的员工强调这种情况,并附带说明本公司推行终身雇用有保障的制度。于是,员工的不满迅速平息。

很多人不用脑筋去思考他们预测的坐标,是因为他们无法了解预测的坐标是如何影响其决策的。应该讲,凡是正确的决策,都必须有可靠的预测坐标存在。

20 世纪 80 年代初风靡全球的"随身听",是日本新力公司董事长盛田昭夫依个人决策而发展出的得意杰作。

"随身听"的产品决策来自:除了"室内、汽车"之外,是否也可以享受音乐。这一异想天开的决策,后来竟成为"随身听"主要的"卖点",因此畅销全世界。年轻人大都喜欢音乐,青少年尤其爱好此道,不过他们欣赏音乐的场所只能在室内或车中,出了门、下了车,音乐便离他们而去。所以许多年轻人往往为了音乐而不喜爱户外活动。盛田昭夫想到:我们是否能开发出在房子、汽车之外欣赏音乐,同时还要有轻巧的耳机,这种耳机即使戴上一整天,耳朵也不会不舒服,那样音乐就可以"无所不在"了。

当他把这个决策在公司的产品设计委员会提出之后,除了一个年轻人兴致勃勃地表示这是个很棒的决策之外,其他的人都认为不可思议而加以反对。盛田昭夫几乎费了九牛二虎之力,才说服该委员会的成员接受他的提案,开始着手开发"没有录音功能的'随身听'"。

产品开发成功之后,第一批的生产量是 3 万台,许多人对于这 3 万台的销路表示担忧。盛田为了鼓舞士气,反倒信心十足地立下重誓:"年底之前销售量若达不到 10 万台,我便引咎辞职。"谁能料到,"随身听"上市之后,立即引起年轻人的抢购,销售量势如破竹,几创纪录,到该年年底销售量就已突破 40 万台,盛田不但保住了总经理的职位,而且该产品还成为该公司获利最多的商品。

紧接着,"随身听"在产品功能上再做改良,以扩大市场以及应付竞争者的挑战。首先以黑色、红色作性别上的区别,即男孩用黑色,女孩用红色。接着又开发出慢跑、雪地、潜水等不同功能的专用随身听,使爱好各种户外运动的人也都能同时享受音乐。此外,更在轻、薄、短、小上再次突破,使它的体积相等于一个卡式录音带,携带更方便。

到了第三年,"随身听"在全球的销售量已达到 400 万台,创造了该公司单一产品在一个年度内最高的销售量,也再度证明了新力公司以开发见长的能力。

"随身听"的成功，在事后被认为是项了不起的决策，在事前是谁也无法预料的，即使是盛田昭夫本人也不敢有乐观的把握。成功之后盛田昭夫谦虚地表示："随身听"开发成功，不过是"旧构想，新决策"而已。即使是"旧构想，新决策"也是"预测坐标"，而只要准确地预测坐标，便会有正确的决策。

盛田昭夫的预测坐标是什么呢？就是把"随身听"的适用范围扩大到户外，满足户外运动的需要。从实际而言，这个预测坐标的建立完全正确，因此才有开发"随身听"的成功决策。

✳ 心灵悄悄话 ✳

决策是各种信息的综合输出，是有选择的输出，不可能包含全部有利因素。决策中要善于好中择优，险中求稳，企求找到万全之策势必陷入"布里丹效应"。切莫一味追求精确，一个决策如果条件允许，愈精确愈好，但自然界的事物是相互联系和不断变化运动的，过分追求精确反而模糊，适当的模糊反倒可以精确。

决策者要有先见之明

古人云:"凡事预则立,不预则废。"预,就是预测。预测就是对未来的研究,对客观事物未来发展进行预料。一个国家、一个企业的兴旺发达,或是衰落破产,或是居于中游,随波逐流,都是被决策所支配的。科学的决策能使企业绝处逢生,充满生机,立于不败之地;盲目的决策则使企业失去市场,处于劣势,甚至导致破产。然而正确的、科学的决策并不是所谓"眉头一皱"就能"计上心来",而是建立在正确地整理、分析客观事实的基础上,进行科学的、合乎事物发展规律的预测才能做出来的。因此,预测是决策中必不可少的重要一步,是制定企业战略的前提。

1975 年,美国亚默肉食加工公司老板菲力普·亚默从一条信息中发现墨西哥正在闹疑似瘟疫的传染病。他马上敏锐地意识到,如果墨西哥发生瘟疫,一定会从加利福尼亚和得克萨斯州边境传到美国。而这两个州正是美国的主要肉食供应基地。于是,他马上派专人飞赴墨西哥调查。几天后得到报告,证实墨西哥确实发生了瘟疫,而且厉害得难以控制。此时,他马上集中全部资金从加利福尼亚州和得克萨斯州购买肉牛和生猪,并及时运到美国东部。果然,他的预见很快得到证实,瘟疫从墨西哥传染到了美国西部的几个州。美国政府下令,禁止一切肉食品从这几个州外运。于是,国内肉类奇缺,价格暴涨。亚默囤积的猪牛供不应求,短短几个月内净赚 3900 多万美元,一时成为商坛佳话。

分析亚默的成功,可以看到科学预测的巨大威力。

而且,他的"先见之明",不仅是一些理论和公式的推导,关键是在掌握信息的前提下进行科学的归纳、推理和准确的判断。所谓未卜先知,并不是坐在屋里幻想和空想,而是依据占有的大量的信息和对信息进行正确的分析、推理和判断。亚默的成功,正是建立在上述基础上的。

一句话,所谓"先见之明",就是企业领导能够预测未来,为自己决策避免一些盲目性,而增加一些可靠性。因此,企业主管的眼睛应当是"千里眼",而耳朵还应该是"顺风耳"——因为它可以有效弥补"千里眼"的不足。

预测对决策的作用是显而易见的。通俗地讲,在做一件事情前,给自己的行为圈个范围,找个方法,这就是预测。举例说,如果你想采购一台理想的电视机,那么你可能是一开始就列出少数几项你想要有的关键特色。然后到几家商店去看看,与朋友谈谈,请教一番,或翻阅杂志后,选定一台,不论你是如何进行决策,你的分析中总免不了会遗漏某些事项。

预测是引导你做出合理决策的初步设想,没有它,你的决策可能就会很随意,很被动;相反,有了它,可以使你的决策带上比较强的目的。要注意的是:任何预测都会出现一些误区。这是因为任何事情都有自己发生和变化的特点,有些因素可以主观控制,有些因素则是非人力所能及。

预测的盲点现象是比较常见的。没有预测——就如你所知的,没有任何一种思考法——能考虑到所有的可能情况。因此,无人能完全避开预测中所隐含的危险。很多专业人士甚至还搞不清有这种现象存在,因而付出惨痛的代价。

要进行决策前的预测,有时是非常棘手的,因为总希望预测到全部,可事实上,并非如愿。可以用安装窗框来做比喻,巧妙地说明这个困境:建筑师要选择在哪儿装上窗户,以取得所希望拥有的视野。但没有任何窗户能让你看到全景。

当你选择某一面窗向外透视——或即使你决定要同时眼观三面窗户,看看到底会有什么发生时——你仍然无法事先肯定,你所见到的就是最实际管用的画面。

决策的预测要设定出范围，即考虑什么，不考虑什么。此外，不是所有考虑的因素都要予以同等重视。我们的预测主要是在对某些主要事项进行考虑，而对其他部分则淡化处理。

举例说，如果一位广告代理商简单地问，"我们要如何才能降低成本？"或是"其他的广告代理商要如何才能降低成本？"此类问题将其从业人员导向一些简单的降低成本技巧，诸如延缓办公室设备的购买，或是解雇一些不具有生产力的员工等。现在又假定是同样的广告代理商，如果在其预测中多加一点询问材料的话："其他类别的企业是如何降低成本，而又不损及产品质量呢？"这就开启了一个更具有新颖特征的决策。

由此可知，只有消除预测的盲点，才能做出最好的决策，更迅速地解决问题。否则，就会掉进误区，在错误的问题中打转儿，却找不到出路。

心灵悄悄话

"以深刻而敏锐的洞察力去发现时机，才正是企业家精神的本质。"经济学家卡斯那认为，企业家不仅要有经济计算的能力，还要具有能够发现他人未曾注意到的、新颖的、潜在的、更有价值的某种目的；具有发现一直不被人们所知的手段的洞察力。

决策不是你想的那么随意

决策不是想怎么干就怎么干，它有一个可行性的预测标准存在，正如德国决策大师豪·杰克在《不能随心所欲》一书中所说："**真正的决策必须是建立在预测标准之上的。**"也就是说，除了预测范围和预测坐标外，同样影响决策的还有决策中所采用的预测标准。

人们在决策中所用的预测标准也会造成自身受困。为什么这样说？请思考下面的练习：

1. 你正在一家商店里，打算买只定价 70 元的新表。当你在等售货员时，一位朋友来告诉你说，两条马路外的另一家商店里有同样的手表只卖 40 元。你清楚那家店的服务与信用跟这家一样好。你是否愿意走两条街省 30 元？请决策是或否。然后思考下一个类似的情境。

2. 你正在一家商店里，打算买一架定价 800 元的新摄影机。当你正在等售货员时，一位朋友来告诉你说，两条马路外的另一家商店里有同样的摄影机只卖 770 元。你清楚那家店的服务与信用跟这家一样好。你是否愿意走两条街省 30 元？

在第一个问题中，约 90% 的人说他们愿意多走两条马路。在第二个问题中，仅有 50% 的人愿意。但两种情境间并无真正的差异存在。两者的实质问题都是"你是否愿意走两条马路节省 30 元"。

那些有见地的经理主管们，都应看穿问题的表象，在两个不同的情境下做出决策。

人们所以会有不同的决定，是因为他们惯于用节省的百分比来思考，而不用绝对的金额。但就手表与摄影机的购买而言，百分比的标准并无实质的意义。你已知的是两家店都同样的信用牢靠。所以该考虑的只是你口袋丰厚点或薄一点，指的是钱的数目——不是百分比。

当你评估员工的表现时，标准的控制显得尤其重要。属下员工习惯地会玩弄标准来框架其直属上司的思考。举例说，假使一个计划的预算金额是 10 万元，而实际完工的费用仅 9 万元，那么这位员工可能就会斩钉截铁地表功说："我为公司节省了 1 万元。"如果同样的计划案实际花费了 11 万元，那么他可能就会淡化超支这回事，声称："我已尽力维持在超支预算案的 10% 以内。"

一位日本航空公司的驾驶员在 1968 年某次由东京至旧金山的航程上，将这种变戏法的花招发挥至令人发笑的极端状况：由于他所驾驶的 DC-8 客机穿过低空云层，降落时与控制塔沟通不良，在距跑道还有 3 公里的地方，造成一次"完美"的水上降落——在旧金山海湾里落水，幸好无人伤亡。在与媒体讨论时，他介绍事件的经过，采用将过失框架入百分比的戏法："想想我由东京全程飞来，我误差了多少呢？"他的上司可是一点也不吃这一套，将他贬为副驾驶，限于飞亚洲航线。

身为领导者的你，在做决策时千万不要像这位愚蠢的航空驾驶员一样，采用错误的标准为自己失误的决策辩解。

所以，决策者要做出正确决策，就必须防止错误的预测产生，不要陷入预测的误区。

通常讲，预测出现误区是难免的，因为一个预测总是要面临许多里里外外的因素和条件，呈现出非常复杂的情况，这都不利于决策。但是决策本身就是要在这些误区中创造出来，否则决策就毫无意义。预测作为一种满足正确决策的方法，是由决策者来完成的。由于决策者有时看不清事物的真相，跟不上事物的变化——尤其是在市场经济中总有一种慢几拍的感觉,所以产生预测的误区极其常见。甚至可以说,预测本身就是含着正确与误区之分,都是正确的预测,那是神话;都是带有误区的预测,那也不是事实。有许多企业领导极力想锻炼正确预测的本领,首先必须学会分析别人掉进预测误区的失败之由。常见的错误预测有 4 种危险性:

1. 由于缺乏正确的判断,而把假的信息当作真的使用了,从而使决策一开始就出现了"硬伤"。

2. 由于不懂得变化之理,认为预测本身永远是正确的,只是决策不时地出问题。因此,总是试图变换决策,结果使企业的发展没有长远性。

3. 预测是产生决策的前提条件。但有些企业领导只是凭想当然办事,认为自己的大脑能想出什么,就能预测到什么。这是现代企业中最可怕的预测误区,从而使有些大企业在一夜之间荡然无存。

4. 没有任何单一的预测能全盘掌握住复杂多变的问题。在很多情况下,甚至可说没有任何单一的预测能适当地掌握住一个繁杂的问题。通常你必须使用多重的预测,审慎地由其中选出一个或数个来运用。但你通常是选择一种预测方法。

"决策者应该具备圣人的品质,他应该先知先觉。"这是新加坡丰隆集团总裁郭芳枫总结了 40 年创业经验所得出的结论。

从经营角度上认识投机取巧,无非是证明经营企业高明的决策者所具有的一种能力,一种"先知先觉"的决策能力。

决策需具有敏锐的洞察力及超前意识。敏锐的洞察力来自对信息的全面把握,掌握了新的信息,则能够根据信息发现问题,独辟蹊径。同时,也才能了解到事物之间的联系,并结合自己的客观问题,做出超前的决策。决策的超前性归根到底是决策本身的客观需要,是企业发展的客观要求。

现代企业是一个适应开放的大系统,它的内外环境处在不断的变化之中,"永远变化"是企业面临的一条永远不变的规律。在险象环生、瞬息万变的市场中,没有普遍适用的经营策略,没有久畅不滞的走红产品。要使自己在多变的市场中立于不败之地,就必须掌握不断变化的需求动

态,了解不同市场的不同特点,注意竞争对手的策略招数,不断采取正确的对策,变于人先。如果经营思想陈腐守旧,产品面孔多年照旧,行销方式消极呆板,销售渠道狭小不变,就一定会被竞争对手挤垮,被市场波涛淹没。

　　一个企业家,要达到决策的准确无误,必须对影响企业的宏观和微观环境进行研究、分析,注意这些环境的变化。在对环境进行研究时,更要注意政策环境的变化。掌握了这些变化,才能使决策具有超前性,收到"运筹帷幄之中,决胜千里之外"的效果。

　　谁都不愿走入预测的误区之中,但并不意味着它就不存在。更何况,只要在决策的时候,逐步排除一些预测的误区,反而使企业的发展变得更加坚挺。因为决策本身就是一场智慧练习,消灭错误,找到正确的答案是其目的所在。正确的决策就是对错误预测的战胜!

心灵悄悄话

　　具有洞察力的战略主持人,就具有对环境的适应能力,因为,洞察力有助于战略主持人及时发现问题,击中要害。缺乏洞察力的战略主持人势必将浪费大量的组织资源(包括机会),因为他没有抓住问题的根本,并且也不可能制订出成功的解决计划与方案。

没有行动的决策是空中楼阁

生活中有言无行的人比比皆是,究其原因,不过是说话轻巧,吹牛也无需交税。决策也一样:**没有行动的决策,就像一个人滔滔不绝地说了一大堆计划,然后就回家睡大觉**。决策仅仅停留在口头上或者书面上,再好的决策也毫无意义,因为它所预测的种种结果根本不会出现!

如果说考虑界限条件是决策过程中最困难的环节的话,那么要将决策转化为有效的行动通常则是最费时间的环节。除非从一开始便将承诺和义务都包括在决策中,要不这个决策便毫无意义。

事实上,只有当落实决策的具体措施变成了某个人的具体工作和责任时,做决策才有真正的意义。如果情况不是这样,那么根本就谈不上是什么决策,至多只是个良好的愿望罢了。

过多的政策说明令人厌烦,尤其是在业务单位里更是如此。这种政策说明都不包含行动上的承诺,因此对如何落实的问题没有专人负责。难怪机构里的工作人员会将这种政策说明当作笑料——如果还不至于将它们当作高层管理者根本不准备去执行的官样文章的话。

若要将决策转化为行动,必须先明确无误地回答下列问题:决策必须要让谁知道?必须采取什么行动来贯彻落实?应由谁来采取这一行动?这一行动应该包含哪些内容,以便让执行决策的人可以有所遵循?在这些问题中,第一个问题和最后一个问题往往容易被人们所忽略,从而造成灾难性的后果。

在决策者中,流传着这样一个故事,它可以说明"决策必须要让谁知道"的重要性。

一家制造工业设备的大厂商几年前决定暂停制造某种型号的设备。好多年来，这种设备一直是机床类产品中的标准产品，其中不少产品至今仍在继续使用。因此，公司同时也决定在未来的3年中继续向该设备的老用户提供此型号的机器，以满足他们更换的需要。3年之后，公司就不再生产和销售这种型号的机器了，这种型号机器的订单一直有下降的趋势。但当老客户得知这种型号的产品不久将不再供应时，订单反而突然大增。可是，这时没有人提出"必须把停产的决策告知那些人"，于是谁也没想到要去通知采购部负责采购该部件的人员。采购员所得到的指令还是按当前销售的比例购进该型号机器的部件，没人对他说过需要修改这一指令。3年过去后，当公司准备停止生产该产品时，却发现库存配件多得足够他们使用8～10年，于是也只好白白浪费了。

还有些决策者不是不想行动，只是苦于力不从心，虽未老迈年高，却已经早现疲软。要想让决策有行动力，就必须使之与执行决策者的能力相适应。

有这么一件事情：

一家化工企业近年来发现有两笔相当大的资金被冻结在西非两个国家里。为了避免损失，公司决定用这两笔资金在当地办企业。公司的原则是：所办企业对当地的经济应有所贡献；企业不必从国外进口原料；如果经营成功的话，还可在当地金融政策解冻时将其转售给当地的投资者，再将钱汇出来。为此，公司开发了一种保存热带水果的简单化学工艺。那两个国家都盛产水果，过去由于缺乏加工保存的手段，这种水果在运往西方销售的途中均有严重的损耗。

所办企业在非洲两个国家都取得了成功。但是一个国家的当地经理把企业的标准定得太高，它需要由技术高超的、受过西方技术训练的管理班子来进行管理，而这样的人才在当地是很难找到的。在另一个国家的那位企业经理，由于考虑到了最终将要经营管理这个企业的人的实际能力,所以尽量地简化企业流程,并从一开始就在企业的上上下下雇用当地人才。

几年以后,这两个国家开始允许资金汇出境外了。然而,那家高标准的企业尽管十分兴旺发达,但却怎么也找不到当地的买主,因为当地人根本就不具备管理该企业的技术能力。于是这家企业只好被清盘处理,经济损失在所难免。而在另一个国家的那家企业,却吸引了许多当地的企业家,因此,公司不但收回了原先投入的资金,而且利润还相当可观。

这两家企业的产品及生产流程基本上是相同的,可是在前一家企业里,没人提出过诸如此类的问题:"能执行决策的现有当地人才到底具备哪些条件? 他们到底可以胜任哪些工作?"结果,决策就没法被顺利地贯彻。

如果一项决策要成为有效的行动,那么有关人员就必须要改善自己的行为、习惯和态度。在这种情况下,如何使决策行动适合决策执行人的实际能力就显得特别重要。管理者应该设法落实如下两条:行动的责任要落到人头;负责落实的人必须要有足够的能力。管理者对其下属的考核方式、考核标准及奖励办法都应该做出相应的调整。不然,有关人员将会陷入内部感情冲突的漩涡之中而不能自拔。

心灵悄悄话

提出正确的问题,是打开成功战略大门的钥匙。当组织能对环境的威胁与机会提出正确的问题时,就能够形成正确的竞争战略。只有具备敏锐发现问题的洞察力,才能算得上是一个优秀的战略家。

决策需要满足边界条件

要使决策有成效,就需要使决策满足边界条件,必须足以达到目的。可别把脖子伸得太长了——小心被"喀嚓"了。

边界条件了解得越精细和越清楚,所做的决策就越能有成效,越能解决所须解决的问题。相反,确定这些边界条件时的任何缺失,不管所做决策看起来是怎样的杰出,都会使所做的决策失效。

"解决这个问题的最低需求是什么?"人们通常是通过这样的询问来探索边界条件的。

史洛安在1922年接任通用汽车公司总裁时,估计也可能询问过这样的问题:"通过取消各分公司主管的独立自主权的方法,能够满足我们公司的需要吗?"答案必然是否定的。

他的问题的边界条件,就是各个主要管理位置上都需要有才能的和负责任的经理,此外还需要有一个统一的中央管制。所以,根据他对边界条件的了解,他的公司需要的是对组织结构问题的解决,而不是人事问题的协调,于是他就着手解决组织结构的问题。但是,实际上寻找适当的边界条件也不总是那么容易的。即使是明智的人,在边界条件问题上的意见也不会完全一致。

美国东北部大停电的那天早上,纽约市的大部分报纸都没有出版,只有《纽约时报》出版了,原因是在那天停电时,《纽约时报》的管理部门立即把报纸转移到哈德逊河对岸新泽西州的纽华克印刷。

《纽约时报》平时发行上百万份,但这次却只有不到半数的报纸到达读者手里,原因据说是当报纸要印刷的时候发生了一个有趣的小插曲:总编辑和他的助手们发生了争论。争论的问题只是将一个在行末的英文词如何按音节分开。

总编辑认为《纽约时报》在美国树立了拼写英文的标准,因此不能允许有任何文法上的错误。据说这一争论花费了48分钟,正好是实际印刷时间的一半。

我不敢保证这故事是真实的,假定它是真实的,人们会奇怪报纸的管理部门对这个决定是怎样想的。但是毫无疑问总编辑当时的决定却是对的,因为时报的规定给了他基本的设想和目标。他的边界条件,不是时报每天应发行的份数,而是时报作为英语语法榜样和权威所应有的准确无误。

有成效的管理者明白,不能满足边界条件的决策,是一项无效的和不适当的决策。一项不符边界条件的决策,有时比一项符合"错误的边界条件"的决策还要糟。虽然两者都是错误的决策,但边界条件错了,还可能有修补的余地,而从那些不符合边界条件规范的决策中,我们会什么都得不到,而只能增加困难。

事实上,我们需要清楚地考虑边界条件,这样就可以知道一项决策何时必须抛弃。有两个著名的实例可以说明这个道理。一个是边界条件含糊不清的决策;另一个是边界条件相当清楚,所以决策人能够立刻做出判断,并以新的决策来代替不合时宜的决策。

第一个例子是在第一次世界大战爆发时,德军总参谋部做的著名的杰里芬计划。这个计划的原意是同时在东线和西线作战。为了要做到这一点,杰里芬计划建议,在东线以小部分兵力牵制实力比较弱的俄国,而在西线集中全力对法国进行闪电式的歼灭性打击,然后再转过来对付俄国。

这个计划暗示着,在战争爆发时允许俄军深入德国领土直至对法国

取得决定性胜利后才反攻俄军。战争一开始,他们发觉过低估计了俄国军队的进攻速度,到了 1914 年 8 月,大片领土被俄军占领,东普鲁士已全线告急了。

当然,杰里芬将军在拟订作战计划时,心中对一切边界条件都是十分清楚的。但他的继任人却只擅长于作战而不擅长决策和战略。后来,他们抛弃了杰里芬计划中集中德军兵力而不应分散兵力的基本原则。按理说,他们既然抛弃了杰里芬计划的基本原则,同时也就应该放弃杰里芬计划。

然而他们却固执地执行原计划,这就在实际上使原定计划不能完成。他们削弱了西线的力量,以致他们原先企图在西线全力冲击以便旗开得胜的想法变成昙花一现;而在东线方面,他们也没有将兵力加强到足以把俄军赶出去,导致了原先制订杰里芬计划时就竭力要防止的僵持局面。因为战局一僵持,随着战争的消耗,人力就占优势,战略的优势就消失,于是最终将由人力占优势的一方取得胜利。从此以后,德军不能再依靠战略优势,而只能依靠随机应变、激励士气和偶然的奇迹了。

第二个例子恰恰相反。1933 年,罗斯福在竞选总统的活动中,提出了"经济复兴"的计划。这个计划原是以 1933 年美国的财政保守主义和预算平衡为基础制订的。但是,恰恰在总统就职典礼之前,美国的整个经济突然出现危机。在这种情况下,罗斯福原来的经济政策如果在经济上还可以行得通,那么在政治上却很难维持下去了。

于是,罗斯福马上提出一个政治目标,来代替原先的经济目标,从"复兴"转变为"改造",从以保守为基础的经济政策转变为激烈革新的经济政策。这样的一种转变,有赖于政治魄力。罗斯福反应敏锐,他几乎是直觉地知道,边界条件的改变就意味着他要完全放弃原来的计划,这样,他的决策才会有成效。

在各种不同的可能的决策中,要分辨出哪一项是最危险的决策(即勉强可行或只有在一切顺利的条件下才可能达成的决策),也需要了解边界条件。多数决策看起来都有道理，但当我们仔细思考决策所必须满足的规范时，我们就会发现各项规范之间是互相冲突的。一项决策可能成功，这只是说大致可能成功而已。我们说不要依靠奇迹，不是因为奇迹很难碰得到，而是我们根本不能依靠奇迹。

　　每个人都可能做出错误的决策，但却没有一个人愿意做出一眼就能看出是不能满足边界条件的决策。

心灵悄悄话 ✳

　　"直觉是解决战略问题的所有能力中最为重要的财富。"美国战略管理学者科恩如是说。我们在军事战略与企业战略的比较研究中充分感受到，战略主持人的战略直觉，亦有十分重大的现实价值。

目标模糊没好果子吃

决策是否有效是衡量一个决策成败的关键。决策成功,就能够解决问题(或增加效益);决策失败,就解决不了问题(或降低效益)。这里的有效性既指决策产生的效益,又指决策达到目标的程度。

事先确立决策效益标准和目标,并对决策的实际结果和理想结果进行比较,对决策所达到预期目标进行程度上的分析。决策效益的衡量通常是比较复杂的,在具体运用时要考虑到各种因素的影响。

1.效益是根据预定目标(或标准)衡量出来的,因此,一个明确而具体的决策目标是效益评估的重要前提。如果决策目标模糊不清,或者参与决策的人们的看法不一,那么评估就不能统一和客观。

2.要高度重视决策实施所完成目标的充分性,充分性在这里不仅表现为决策实施后满足人们需要的有效程度,而且表现为需要被满足的人数;不仅表现为解决问题的深度,而且表现为解决问题的广度。

3.决策的效益是决策实施后所获得的某种结果,这种结果是一种客观性的存在,因此效益标准应该是客观性标准。同时决策所达到目标的程度还与人们的认识水平有关,因此效益标准又很难排除它的主观性因素。在实际评估过程中,我们要在考虑主观因素的前提下,保证决策评估的客观性。

4.在对决策进行效益评估时,既要看到它的正效益,又要看到它的副作用,要把它们严格地区别开来。

目标既是决定决策效益的一个标准,又是它的一个约束的前提。也就是说,决策目标与决策效益的关系,的确是"一损俱损,一荣俱荣"的关系。例如：

维克多·加姆是哈佛商学院毕业生，靠推销小电器成了百万富翁。1988 年，加姆买下了新英格兰爱国者球队，行内人都知道，经营一个人事纷繁的足球队与推销电动剃须刀完全是两码事。果然，加姆接手后球队就频频失利，随后又因球员对一名女记者的性骚扰而闹得沸沸扬扬，球队因此声名大跌。等到加姆从中脱身时，他已经赔进了几百万美元。

维克多·加姆的失败在于：尽管他在推销电器方面目标明确，但在购买球队时却目标暧昧，事先就没有做好决策评估工作，当然也就不符合真正的决策程序，失败是当然的，不失败倒有点见鬼了。

"需要"不是"必要"

在决策的术语中，"目标"是决策的重要因素，也是决策所要明确完成的事项和细节，同时也是衡量决策实施效果的首要标准。只有牢牢掌握清楚这一衡量标准，我们才能做出合理的决策。

一般情况下，我们会将目标分成"必要"和"需要"两组进行考察。"必要"的目标，是保障成功决策所必须要有的东西。当我们根据目标评估选择方案时，任何不能符合"必要"目标的方案，都将立刻被刷掉。这一类的目标必须是可衡量的，因为它们的作用，是事先过滤容易失败的选择方案。

我们必须知道什么样的方案绝对无法符合目标，因为它不符合必备的要求条件。举例来说，在一项有关雇用人才决策中，典型的"必要"目标是"在这一行业具有两年领班的经验"。如果一定要求应征者具有这么久的经验，那么考虑任何经验不足两年的应征者，都是没有意义的。这

类的目标是可以衡量的,应征者必须具备此项条件,至于他们的其他优良条件都是无关紧要的。

"必要"目标以外的其他目标,属于"需要"目标的范畴。我们对于所做出的选择方案,是以"需要"目标来比较绩效,而非根据其是否能符合这些目标而决定。它的目的在让我们对于各项选择方案,有一个比较性的认识,让我们了解各项方案彼此相较之下,其表现情形如何。有些"需要"类的目标可能也是必然而却不能归类为"必要"。理由有二:

首先,它们可能是无法衡量的,因此我们不能对一项选择方案的表现绩效做出判断。

其次,我们所需要的,可能不是"可否"的判断,我们比较需要的,可能是将这些目标用来作为表现绩效的相对标准。

有些目标常常先被归类于"必要"之后再重新归为"需要",以便使其具有两者的功能。举例来说,"在本行业具有两年经验"(必要),可能会被重新叙述为"具有丰富的行业经验"。现在,如果我们要来评估这些选择方案的话,我们可以做出两种不同的判断:那些经验不到两年的应征者将被刷掉;其余的应征者则依据各自的相对经验而加以评判。

有人曾经言简意赅地形容这两种目标:"'必要'的目标决定谁上场玩球,'需要'的目标则决定谁该赢球。"

心灵悄悄话

战略直觉,是战略家通过亲身的感受、直观的体验得出的结论,它能够对事物或问题的本质,有一种假设性的觉察和敏感。科恩解释说:"直觉是管理者所受教育和经验,以及在战略情境中管理者能够意识到的所有因素的整合,包括意识的和下意识的。"

漏洞是决策的最大忌讳

有时一项决策,会同时涉及好几个目标的达成,而且每一个目标都很重要。如果不够专心细致,常常就会百密一疏,漏掉了一两个目标,结果给企业造成难以挽回的重大损失。所以说,决策是最忌讳出现漏洞的。

到底有多少决策没有漏洞呢?很少!可关键要看是怎样的漏洞,以及在决策时所拟订的补救方案是否充足,而且一旦出现致命的漏洞,必须及时补救。

为了防止决策时的挂一漏万现象的发生,我们在决策之初就要根据决策目标数量的多少,将其划分为单一目标决策和多目标决策。

1. 单一目标决策

指决策的目标只有一个的决策。单一目标决策是我们研究决策问题的基础,处理决策问题的大多数方法,都是从研究单一目标决策开始的。

2. 多目标决策

指决策的目标有两个或两个以上的决策。如一个企业要关系到企业环境、企业资产、企业投资、企业管理、企业人事、企业竞争、企业产品、企业形象等一系列问题。

在实际生活中,除了十分简单的任务外,往往都是多目标决策。

目标多了,衡量决策的标准也就相应地增多,目标之间有时就会产生矛盾,这就会给决策带来困难。如减少企业职员,就存在如何加大生产数量和质量的矛盾问题:人少了没人干活,人多了活又太少。我们常常要求生产出来的商品要"物美价廉",这里就有"物美"和"价廉"两个目标,这两个目标如果处理不好就会产生矛盾。因为要做到物美,就必须要提高

产品质量，而这又往往要增加成本，与价廉相矛盾；另外，要做到价廉，就必须要降低成本，而降低成本又会影响产品质量。可见，在实际决策时要全面考虑同决策有关的所有目标，不能忽视和漏掉其中任何一个。

即使仅仅漏掉一个目标，对企业而言都是灾难，对做决策的领导而言则是失败。要做到决策周全，就应该知道按照一个目标安排大小事情的过程；不要又抓这个，又抓那个，结果什么也抓不住；对自以为是不错的决策，尤其要审慎；万一有所疏忽，能制订配套方案加以立即解决；执行决策是严格的计划行为，不要因为外部因素干扰而丢三落四；及时检查构成决策的大小环节，责任到人。

心灵悄悄话

一个人要创造性地思考和干某件事，都是从提出问题开始的。法国作家巴尔扎克说过这样的话："打开一切科学的钥匙都毫无异议的是问号，我们大部分的伟大发现都应该归功于'为什么'。而生活的伟大智慧，大概就在于逢事都问个为什么。"

第六篇

方法总比困难多

　　在做事的过程中,决策是难的,那么人生的决策又是更难的。假设人在年轻时莽莽撞撞,懵懵懂懂,不知自己所为,以及所为为何,在人生需要选择、需要决策时就会迷茫,不知所措,这是由于没有方向的指引。不管遇到什么问题和困难只要你肯开动自己的大脑,总是会有办法的。

　　主动想方设法解决问题的人,总是社会的稀缺资源。只要有这样的人出现,他们就能像明星一样闪耀。假如你通过找方法做了一件乃至几件让人佩服的事,就能很快脱颖而出,并获取更多的发展机会。

用心找方法就会有突破

卓越者，必是重视找方法之人。在他们的世界里，不存在困难这样的字眼，他们相信凡事必有方法去解决，而且能够解决得最完美。事实也一再证明，看似极其困难的事情，只要用心去寻找方法，必定有所突破。

2001年5月20日，美国一位名叫乔治·赫伯特的推销员，成功地把一把斧子推销给了小布什总统。布鲁金斯学会得知这一消息，把刻有"最伟大的推销员"的一只金靴子赠予了他。这是自1975年该学会的一名学员成功地把一台微型录音机卖给尼克松以来，又一学员登上了如此高的门槛。

布鲁金斯学会创建于1927年，以培养世界上最杰出的推销员著称于世。它有一个传统，在每期学员毕业时，设计一道最能体现推销员能力的实习题，让学员去完成。在克林顿当政期间，他们出了这么一道题：请把一条三角裤推销给现任总统。8年间，有无数学员为此绞尽脑汁，可是，最后都无功而返。克林顿卸任后，布鲁金斯学会把题目换成了"请把一把斧子推销给小布什总统"。

鉴于前8年的失败和教训，许多学员知难而退。个别学员甚至认为，这道毕业实习题会和克林顿当政期间的那道题一样毫无结果，因为现任的总统什么都不缺少，再说即使缺少，也用不着他们亲自购买，再退一步说，即使他们亲自购买，也不一定正赶上你去推销的时候。

然而乔治·赫伯特却做到了，并且没有花多少工夫。一位记者在采访他的时候，他是这样说的：我认为，把一把斧子推销给小布什总统是完全可能的。因为，布什总统在得克萨斯州有一个农场，那里长着许多树。于是我给他写了一封信，说："有一次，我有幸参观了您的农场，发现那里长着许多矢菊树，有些已经死掉，木质也已经变得松软。我想，您一定需要一把小斧头，但是从您现在的体质来看，这种小斧头显然太轻，因此您仍然需要一把不甚锋利的老斧头。现在我这儿正好有一把这样的斧头，它是我祖父留给我的，很适合砍伐枯树。假若您有兴趣，请按这封信所留的信箱，给予回复……"最后他就给我汇来了 15 美元。

乔治·赫伯特成功后，布鲁金斯学会在表彰他的时候说：金靴子奖已空置了 26 年。26 年间，布鲁金斯学会培养了数以万计的推销员，造就了数以百计的百万富翁，这只金靴子之所以没有授予他们，是因为我们一直想寻找这么一个人。这个人从不因有人说某一目标不能实现而放弃，从不因某件事情难以办到而不去寻找方法。

的确，不是有些事情难以做到，而是因为我们没有用心去找方法解决困难。

因此，让我们成为一个积极寻求方法的人吧。这样会帮助我们在工作中尽快脱颖而出，成为一个真正卓越的人。

毋需多言，如果我们也想成为卓越的人，取得人生的辉煌事业，就请行动起来，运用智慧向前进路上的一个个困难挑战吧！

只为成功找方法

主动找方法解决问题的人，总是社会的稀缺资源。不论国内国外，只要有这样的人出现，他们就能够像明星一样闪耀。假如你通过找方法做了一件乃至几件让人佩服的事，就能很快脱颖而出，并获取更多的发展机会。

美籍华人诺贝尔物理学奖获得者李政道，一次偶然听一位同事的演讲，知道非线性方程有一种叫孤子的解。

他找来了所有关于孤子的资料，仔细分析了一个星期，专门挑别人有哪些弱点。结果他发现，所有的文献都是研究一维空间的孤子的。

而在物理学中，有广泛意义的是三维空间。于是，他便围绕这点进行攻关，仅仅几个月，就找到了一种新的孤子理论，用来处理三维空间的亚原子问题，获得了许多成果。

事后，他高兴地说："在这个领域里，我从一无所知，一下子赶到别人前面去了。"并由此得出结论："你想在科学研究过程中赶上、超过别人吗？你一定要摸清楚在别人的工作里，哪些是他们不懂的。看准了这一点，钻下去，一定会有突破，并能超过人家。"

读书也是这样。我们经常听到一句话："天才出自勤奋。"不错，天才出自勤奋，但并不等同于勤奋。

勤奋只是一个优秀学生的基本功。要真正学好，还得掌握方法——学得多不如学得巧。

·心灵悄悄话

　　任何创造，都是和新连在一起的。没有新的发明、新的发现、新的观点，就称不上创造。方法也不例外。只有新方法才称得上是创造性的方法。旧的方法只能称之为重复。要做一个创造性的领导者，创造性地解决问题，只能刻意求新，除此之外，别无他路。

方法正确你才会成功

作为华人首富，李嘉诚的名字可谓家喻户晓。他之所以能成为首富，也并非没有规律可循：从打工的时候起，他就是一个找方法解决问题的高手。

李嘉诚的父亲是位老师，他非常希望李嘉诚能够考个好大学。然而，父亲的突然去世，使得这个梦想破灭了：家庭的重担全部落到了才十多岁的李嘉诚身上，他不得不靠打工来维持整个家庭的生活。

他先是在茶楼做跑堂的伙计，后来应聘到一家企业当推销员。干推销员首先要能跑路，这一点难不倒他，以前在茶楼成天跑前跑后，早就练就了一副好脚板，可最重要的还是怎样千方百计把产品推销出去。

有一次，李嘉诚去推销一种塑料洒水器，连走了好几家都无人问津。一上午过去了，一点收获都没有，如果下午还是毫无进展，回去将无法向老板交代。

尽管推销得不顺利，他还是不停地给自己打气，精神抖擞地走进了另一栋办公楼。他看到楼道里的灰尘很多，突然灵机一动，没有直接去推销产品，而是去洗手间，往洒水器里装了一些水，将水洒在楼道里。十分神奇，经他这样一洒，原来很脏的楼道，一下变得干净起来。这样一来，立即引起了主管办公楼的有关人士的兴趣，一下午他就卖掉了十多台洒水器。

李嘉诚这次推销为什么成功了呢？原因在于把握了一个推销的诀窍：要让客户动心，就必须掌握他们如何受到影响的规律："听别人说好，

不如看到怎样好；看到怎样好，不如使用起来好。"老讲自己的产品好，哪能比得上亲自示范、让大家看到使用后的效果呢？

在做推销员的整个过程中，李嘉诚都注意重视分析和总结。在干了一段时期的推销员之后，公司的老板发现：李嘉诚跑的地方比别的推销员都多，成交的也最多。

他是如何做到这点的呢？

原来，他将香港分成几片，对各片的人员结构进行分析，了解哪一片的潜在客户最多，有的放矢地去跑，重点攻击，这样一来，他获得的收益自然要比别人多。

纵观李嘉诚的奋斗历史，其实就是一个不断用方法来改变命运的历史。

寻求正确的方法

日本的火箭研制成功后，科学界选定 A 海岛做发射的基地。经过长久的准备，进入可以实际发射的阶段时，A 岛的居民却群起反对火箭在此发射。于是全体技术人员总动员，反复地与岛上居民谈判、沟通以寻求他们的理解。可是，交涉却一直陷入泥淖状态，最后终于说服了岛上的居民，可是前后却花费了 3 年的时间。

后来大家重新检讨这件事情时，发现火箭的发射并不是非 A 岛不行。可是此前，却从来没有人发现这个问题。当时只要把火箭运到别的地方，那么，3 年前早就发射完成了。但当时太执著于如何说服岛民的问题上，所以才连"换个地方"这么简单而容易的方法都没有想到。

在我们的工作和生活中，类似的例子屡见不鲜。销售经理也经常对业务受挫的推销员说："再多跑几家客户！"上司常对拼命工作的下属说：

"再努力一些!"但是这些建议都有一个漏洞。就像有人曾经问一位高尔夫球高手:"我是不是要多做练习?"高尔夫球高手却回答道:"不,如果你不先把挥杆要领掌握好,再多的练习也没用。"

失败者常常混淆了工作本身与工作成果。他们以为大量的工作,尤其是艰苦的工作,就一定会取得成功。但任何活动本身并不能保证成功,并不一定是有利的。一项活动要有用,就一定要朝向一个明确的目标。也就是说,成功的尺度不是做了多少工作,而是取得了多少成果。

很多人在工作中往往只顾眼前,总是把注意力放在过程而不是结果上,认为自己所在的企业或领导亏待了自己,斤斤计较自己的待遇,遇到问题时首先想到的是自己的权利。这种偏执的心态往往是导致他们在工作中缺乏绩效的根本原因。

立即行动,从工作本身转移到工作成果。单单用工作来填满每一天,这种执著的态度再也不能接受了。做出足够的成果来实现目标,这才是衡量成绩大小的正确方法。"一分耕耘一分收获"没有错,错的是那种明明放着电梯不用,却偏要自己爬上高楼的人。收入丰厚的推销员,牢牢掌握"正确的方法比执著的态度更重要"的精髓,只是尽快行动,要求客户给出明确的"是"或"不是"的答案。这样,他们就不必在已接触的客户身上再花费时间和精力,而投身到与下一个客户的业务上去。

心灵悄悄话

在领导者的思维中,灵感孕育成熟与否,是形成其创新思维的关键。在这一时期,领导者对思维客体的苦苦思索、浓缩推理、反复酝酿已经达到了饱和状态,只要外界有关信息与大脑中原有关信息相撞,就会产生灵感的火花,就会揭示未知世界的神秘面纱,从而使领导者豁然开朗,创新思维也就会随之喷涌而出。

让你的思维更开阔

创造性最重要的先决条件是什么,答案是"思维开阔"。

这就好比身体的运动:设想你站在房子中央。如果你朝着一个方向走2步、3步、5步、7步或10步,你能看到多少原来看不到的东西呢?房子还是原来的房子,院子还是原来的院子。现在设想你离开房子走了100步、500步、700步。是否看到了更多的新东西? 再设想你离开房子走了100公里、1000公里或10000公里,你的视界是否有所改变? 你是否看到了许多新的景色? 你身边到处都是新的发现——新的事物、新的体验。你必须准备多迈出几步,因为你走得越远,有新发现的几率越高。

由于受到各种思维定式的影响,人们对于司空见惯的事物其实并不真正了解。也可以说,我们经常自以为海阔天空、无拘无束地思索,其实说不准只是在原地兜圈子。只有当我们换一个视角——而且往往是强迫自己换一个视角——来观察这同一个世界的时候,才可能发现它有许许多多奇妙的地方,才能发觉原先思考的范围很狭窄。

意大利有一所美术学院,在学生外出写生时,教师要求他们背对景物,脖子拼命朝后仰,颠倒过来观察要画的景物。据说,这样才能摆脱日常观察事物所形成的定式,从而扩大视野,在熟悉的景物中看出新意,或者发现平时所忽略的某些细节。读者如果不相信,不妨自己试一试。

同样的道理,当我们欣赏西方落日余晖的时候,不妨把目光转向东方,那里有许多被人忽略的壮丽景观,像流动的彩云、窗户上反射出的日光等。还可以把目光转向北方、南方的整个天空,这也是一种训练观察范围的方法,随着观察范围的扩大,创意的素材就会源源不断地进入我们的头脑。

也许有人会认为，观察和思考某一个对象，就应该全力集中在这一个对象身上，不应该扩大观察和思考的范围，以免分散注意力。而实际情况并非如此。科学研究已经表明：光、声、味、嗅等感觉，对于创新思维能够起到促进作用。人们发现，儿童在回答创意测验题时，喜欢用眼睛扫视四周，试图找到某种线索。线索丰富的环境能够给被试者以良好的思维刺激，使他获得较高的分数。科学家进行过这样一次测试，首先把一群人关进一所无光、无声的室内，使他们的感官不能充分发挥作用。然后再对他们进行创新思维的测试，结果，这些人的得分比其他人要低很多。由此可见，观察和思考的范围不能过于狭窄。

扩展思维的广度，也就意味着思维在数量上的增加，像增加可供思考的对象，或者得出一个问题的多种答案，等等。从实际的思维结果上看，数量上的"多"能够引出质量上的"好"，因为数量越大，可供挑选的余地也就越大，其中产生好创意的可能性也就越大。谁都不能保证，自己所想出的第一个点子，肯定是最好的点子。

从思维对象方面来看，由于它具有无穷多种属性，因而使得我们的思维广度可以无穷地扩展，而永远不能达到"尽头"。扩展一种事物的用途，常常会导致一项新创意的出现。

心灵悄悄话

战国时期，楚国令尹春申君黄歇任职期间，有人劝他及早地把一个实力派人物李园除掉。黄歇犹豫不决，迟迟没有接受劝告，后来被李园派来的刺客杀死。这种封建士大夫之间的争权夺利，没有任何可取之处。这个故事揭示了遇事"当断不断"，犹豫不决，贻误时机，"反受其乱"的道理。

找准问题"靶心"

把握事物的要害,找准问题的"靶心"。许多人只见树木,不见森林,或者找错了对象,尽管谈得喋喋不休,做了许多无用的推理分析,却把握不住问题的核心。他们来回地绕圈子,把自己和别人都拉得筋疲力尽,却丝毫沾不到重点的边。

战国时期,魏国派军队进攻赵国。魏国的军队很快包围了赵国首都邯郸,情况十分危急。赵国眼看抵挡不住魏国的攻势,赶紧派人向齐国求救。

齐国大将田忌受齐王派遣,准备率兵前去解救邯郸。这时,他的军师孙膑赶紧劝他说:"要想解开一团乱麻,不能用强扯硬拉的办法;要想制止正打斗得难分难解的双方,不宜用刀枪对他们一阵乱砍乱刺;要想援救被攻打的一方,只需要抓住进犯者的要害,捣毁它空虚的地方。眼下魏军全力以赴攻赵,精兵强将势必已倾巢出动,国内肯定只剩下一些老弱残兵。魏国此时顾了外头,国内势必空虚。如果我们此时抓住时机,直接进军魏国,攻打魏国都城大梁,魏军必定会回师来救,这样,他们撤走围赵的军队来顾及首都的紧急情况,我们不是就可以替赵国解围了吗?"

一席话说得田忌茅塞顿开,他十分赞赏地说:"先生真是英明高见,令人佩服。"

孙膑接着又补充说:"还有一点,魏军从赵国撤回,长途往返行军,必定疲惫不堪。而我军则趁此时机,以逸待劳,只需在魏军经过的险要之处布好埋伏,一举打败他们不在话下。"

　　田忌叹服孙膑的精辟分析,立即下令按孙膑的策略行事,直奔魏国首都大梁,而且把要攻打大梁的声势造得很大,一边却在魏军回师途中设下埋伏。

　　果然,魏军得知都城被围,慌忙撤了攻赵的军队回国。在匆忙跋涉的途中,人马行至桂陵一带,不防齐军擂鼓鸣金,冲杀出来。魏军始料不及,仓皇抵御,哪里战得过有着充分准备的齐军。魏军被杀得丢盔弃甲,还没来得及解救都城,便几乎全军覆没。这次战争,齐军大获全胜,赵国也得到了解救。

　　其实,事物之间是相互制约的,看问题不能就事论事或只注意比较显露的因素,而要抓住问题的关键和要害,避实就虚,这样来解决问题可能更为见效。

抓住问题的关键点

　　没有人不希望能最快、最有效地解决问题,但有的人能做到,有的人却做不到。这其中原因有很多,而是否懂得抓要点、抓根本是关键。

　　眉毛胡子一把抓,结果往往是事事着手,事事落空,即使事情能做成,也要付出很大的时间和精力。与此相反,有的人不管遇到多棘手的问题,都能够以最快的速度,抓住问题的要点,并采取相应的手段。于是,再棘手的问题也能很快解决。

　　我们该如何掌握这一智慧呢?

1. 学会"点穴"

　　武功中的"点穴法",虽然用力不大,但因为点的是要害,别人就会动弹不了。所以,遇到难题时,寻找"穴点",并采取相应措施,十分必要。

一家宾馆的电梯需要进行维修了。电梯维修公司和宾馆早就签订了合同，经过检查后，维修公司将维修的时间定于 5 天之后，但维修时间得 12 个小时以上。这必然会给客人带来不便，即使不全部停业，较高楼层的客房恐怕也得暂停使用。

这本来是件很平常的事情，但当时正好遇到宾馆的人事变化：宾馆刚刚承包给一位新经理经营，而且目前正是旺季，要他将电梯停用 12 小时，他可不干。维修公司接连派了 3 批人与他接洽，但都被他拒绝了。于是，公司派了一位老员工去和他交涉。

这位老员工，没有多拐弯抹角，只说了几句话：

"经理，我知道现在是经营酒店的黄金时间，但我们检查后发现，电梯已经到了必须大检修的时候。如果不维修，也许不久就会带来更大的损失，到时电梯停的可能就不是 12 小时，而是几天了。更可怕的是：如果某天电梯出事，造成人员伤亡，到时给你造成的，也许就不仅仅是经济损失了，甚至还得承担法律责任。"

这样一来，经理不得不接受他们的意见，按时检修了。

经理之所以不愿意检修，是因为他考虑会给自己带来损害。而现在，就围绕他怕造成损害的心理做文章，说明如果不及时检修，将会带来更大的损害。这样一来，就点到了对方的"穴道"上，难题马上迎刃而解。

2. 抓到"牵一发动全身"的地方

任何问题，都有一个关键点，那就是"能牵一发而动全身"的地方。这个地方的最大特点，是一切矛盾的汇集处。解决了它，其他的问题就会迎刃而解。

1933 年 3 月 4 日，罗斯福宣誓就任美国第 32 任总统。当时，美国正发生持续时间最长、涉及范围最广的经济大萧条。就在罗斯福就任总统的当天，全美国很少有几家银行能正常营业，很多支票都无法兑现。

3 月 6 日，也就是罗斯福坐上总统宝座的第 3 天，发布了一条惊人决定:全国银行一律休假3天。这意味着全国银行将中止支付3天,这样一来,就有了较为充裕的时间进行各种调整。

全国银行休假3天后的一周之内,占全美国银行总数3/4的13500多家银行恢复了正常营业,交易所又重新响起了电锣声,纽约股票价格上涨15%。罗斯福的这一决断,不仅避免了银行系统的整体瘫痪,而且带动了经济的整体复苏。

为何罗斯福的决定有这种立竿见影的成效?因为,抓住了银行的问题,就是抓住了整个经济中最重要的问题。银行最害怕挤兑,因为一出现挤兑,人们就会对金融丧失信心,一旦对金融丧失信心,挤兑就会越厉害,导致恶性循环。

美国当时正好出现了遍及全国的挤兑风波。所有银行就像被卷入旋涡一样,被挤兑风波逼得连喘一口气的时间都没有。所以,罗斯福采取果断措施,用休假三天来让金融界喘一口气,尽快采取多种措施进行调控,一旦人们的信心开始恢复,问题便解决了。这就是"牵一发动全身"的魅力!所谓"纲举目张",就是这个意思。

心灵悄悄话

中国人平常最爱说的一句话是:形势比人强。这其中最为形象的比喻莫过于水的力量。它平静时显得特别的柔顺和蔼,但一旦蓄势待发,它的威力就会像唐朝诗人李白所写的《望庐山瀑布》中的诗句那样:飞流直下三千尺,疑似银河落九天。瀑布由天而降,势不可当,所造成的势能和冲击力是相当巨大的。所以因势造势是中国式管理的精髓之一。

学会借助他人的力量走向成功

富兰克林凭着自己的才干，不但建立了一个小印刷厂，还当选为州议会的文书办事员。可是，他的能干招致了议会中另一位同样有钱又能干的议员的敌视。这位议员不但不喜欢富兰克林，还公开斥责他。富兰克林觉得这种情况非常不利于自己发展，他决心使对方接受自己。

他听说对方图书室里存有一本非常稀奇的书，就写给他一封便笺，表示自己非常希望借来一阅。这位议员马上叫人把那本书送了过来。过了大约一周，富兰克林把那本书还给议员，并附上一封信，表示非常感谢。

以后在议会里相遇的时候，这位议员居然一反常态，跟富兰克林打起了招呼，并且很有礼貌。从那以后，他很乐意帮一帮富兰克林。他们二人自此成了很好的朋友，一直到他去世为止。

一个小小的求助，就帮富兰克林化敌为友，可见求人帮助的力量多大呀！所以，需要帮助的时候，千万不要吝啬开口："可以帮我……"一句话，不仅解决了你的困难，而且很有可能使你结交了一个好友，何乐而不为呢？

这是一个激烈竞争的世界，人们往往只想到自己的需要——而不会想到别人的需要。尽力摆脱这种情况，多多替别人着想，那你将成为一个受人尊重的人。许多人喜欢向别人"训话"，他们发表"演说"，别人只能洗耳恭听。千万不可如此对待朋友，你要和他"交谈"。

卡耐基讲述了自己的一段经历：

初到一个海滨城市，有一天在暮色苍茫时，我要去一个自己没到过的郊区。前半截的路线我知道怎么走，可是下了公共汽车换乘另一路车时，我怎么也找不到另一路车的车站。于是我走到一群下棋的本地老头面前，请教他们该怎么换车到我想去的地方。没想到这么一问，效果惊人。他们听出我是外地口音，而且是在快要天黑时往郊区走，就感到事关重大，于是七嘴八舌地给我指点路线，连我下车后应该怎么走都告诉了我。

有一位老人兴奋不已，站起来让所有的人都不要讲话了，他要独自享受这指示方向的快乐。因为我要去的地方是一个军事基地，这些人听说我和这样的地方有关联，感到能够有机会给我这样的人指路非常重要。那位站起来的老人还放下手中未下完的棋，专门把我送上了末班公共汽车。建议你也试试这种方式，到一个陌生城市后，向一个人请教："不知道能不能请你帮我一个小忙，告诉我怎样才能到某个地方？"相信你会有一个良好的收获。

给予比获得更令人开心，但让朋友知道你需要他们也很重要。正如你觉得帮朋友是件乐事一样，你也应该给朋友帮助你的机会。

有一次，布劳德要到另一个镇去采访，她的汽车却坏了。她的朋友玛丽自告奋勇，愿意开车将近100公里送她去。可是布劳德不想麻烦她，拒绝了。

布劳德挂上电话时，从玛丽的声音感觉到她似乎十分失望。从那时起，她们的友谊冷淡了下来。直到有一天，布劳德打电话给她，说："我将要去度假，但不知如何处置我的猫。""让我来照顾它吧。"玛丽热切地自愿帮忙。这一次，布劳德满怀感激地接受了她的好意。此后，她们的友谊加深了。这个经验使布劳德体会到有句话说得一点没错："如果你想某个人成为你的朋友，请他帮你一个忙。"

让朋友帮助你，让他们感觉到你需要他们，这是保持并增进友情的一帖良方。给予比获得更令人开心，你的朋友们同样也会这么认为。

让别人帮助你成功的技巧

不管你要成为一个优秀的员工，还是要成为一个成功的人，都不要忘记这样一句话：智者找助力，愚者找阻力。没有一个人能够独自成功。让更多的人帮助你成功，这是一种高超的社会智慧。

很多人之所以觉得问题难，是由于他只倚重自己的才华和能力，而不懂得去获取别人的帮助。有的人甚至由于过于突出自己，把本来可以帮助自己的人赶走了。

我们怎样才能争取更多人的帮助呢？

1. 强化他人，弱化自己

人人都希望得到别人的重视和认可。愚蠢的人，只会一味地强调自己的重要，希望以此获得别人的尊敬。但这就好比公鸡炫耀自己的尾巴，未必能达到理想的效果。聪明的人恰恰相反，他们总是先要让别人感觉到重要，并最终以此赢得尊重。

《福布斯》杂志上曾登过一篇"良好人际关系的一剂药方"的文章，其中有几点很值得大家借鉴：

语言中最重要的 5 个字是："我以你为荣！"

语言中最重要的 4 个字是："您怎么看？"

语言中最重要的 3 个字是："麻烦您。"

语言中最重要的 2 个字是："谢谢。"

语言中最重要的 1 个字是："你。"

那么，语言中最次要的一个字是什么呢？是"我"。

学会弱化自己、强化别人吧。这样你过不久会发现喜欢你和帮助你的人会越来越多。

2. 理解万岁,先理解别人的"不理解"

我们常说"理解万岁",这是我们希求他人同情我们的呼唤。但是当别人还不理解你时,又该怎么办呢?

"理解万岁",先要理解别人的"不理解"!"理解万岁",也要从我做起。具体而言,应该遵循如下步骤来解决问题:

(1)承认别人不理解的现实。

(2)尊重别人的不理解,因为即使不理解也有它的合理性。

(3)尽可能了解别人为什么不理解。

(4)采取让别人容易理解的方式,让其理解。

的确,在与人的交往中,不仅要让人理解自己,自己也要理解他人。不仅要理解别人,而且要理解别人的不理解,然后去争取别人的更大理解。

3. 善用加法

善用加法,也就是要尽可能增加能够帮助和关心你的力量。加法无处不在。天时、地利、人和,三者相加,最容易成功。将一种阻碍你的力量,变为支持你的力量,这是最大的加法。

元朝与清朝,都是少数民族入主中原。刚进中原时,蒙古十分强大,清朝则相对要弱小。但最终元朝的历史不到百年,而清朝则长达几百年。为什么会这样?因为前者只懂减法,一味地对汉民族掠夺欺压。而后者,相对来说比较包容,善用加法。

如元世祖忽必烈将全国人民分为四等:第一等是蒙古人,第二等是色目人,第三等是汉人,即金朝统治下的各族人民,第四等是南人,即南宋统治下的各族人民。法律规定蒙古人殴打汉人、南人,汉人、南人不得还手,完全将其置于奴隶地位。再如文化,忽必烈认为金与南宋都亡于儒学之

手,故从开始亲近到后来逐渐疏远、排斥儒者。

　　清朝则不一样,不仅吸引和网罗了许多汉人入朝做官,而且非常重视发掘儒家文化。尤其是康熙,将很多儒家文化发挥到了极致。结果,弄得当时一些有志反清复明的义士,也只能感慨大势已去。加法,成了康熙坚固统治地位的重要手段。

心灵悄悄话

　　领导者要想适应多变的形势,遇事就必须沉着冷静,善于审时度势,见机行事。《孙子兵法》说:"将者,上不制乎天,下不制乎地,中不制乎人,故兵者凶也,将者死官也。"这段话说明了决策者处境的艰难,而解决的办法只有依靠决策者所具备的机动灵活的素质。但是在进行决策时,领导者能够灵活机动地运用原则,绝非一件易事。

问题没有你想象的那么难

在现实生活中,有人把一个简单的问题设想为有千奇百怪的答案,搞得离真实越来越远。

一个朋友说,现在的大学生不懂算术。见我不明所以,便给我讲了这样一个故事。

他代表单位去招聘一些大学毕业生。面试时他出了这样一道算术题:10 减 1 等于几?

有的应试者神神秘秘地趴在朋友的耳边说:"你想让它等于几,它就等于几。"还有的人自作聪明地说:"10 减 1 等于 9,那是消费;10 减 1 等于 12,那是经营;10 减 1 等于 15,那是贸易;10 减 1 等于 20,那就是金融;10 减 1 等于 100,那是贿赂。"

只有一个应试者回答等于 9,还有点犹犹豫豫。问他为什么?这位应试者说:"我怕照实说,会显得自己很愚蠢,智商低。"然后,他又小声地补充了一句,"对获得一份好工作来说,诚实可能是这个世界上最没用的武器。"

但这个老实人被录用了。

我听了朋友的故事,问他为什么出这样的问题。

朋友说,我们公司的宗旨就是"不要把复杂的问题看得过于简单,也不要把简单的问题看得过于复杂"。

就这么简单!

一个人去赶集，妻子给他 1000 钱，叫他买一匹红色的丝绸回来。他来到集市上，发现店铺里卖的白色丝绸很便宜，只要 800 钱，心中窃喜，就买了一匹。

他带着这匹白丝绸去染坊，打算把它染成红色，到了地方一问价，染费需 1000 钱。他看看口袋，只剩下 200 钱，就说："这 200 钱给你，这匹丝绸值 800 钱，也给你，就当染费吧。"

真理只有一个，在真理面前不容卖弄，不能节外生枝，否则只能是"画蛇添足"，歪曲真理。

一代魔术大师胡里奥有一手绝活，他能在极短的时间内打开无论多么复杂的锁，从未失手。他曾为自己定下一个富有挑战性的目标：

要在 60 分钟之内，从任何锁中挣脱出来，条件是让他穿着特制的衣服进去，并且不能有人在旁边观看。

有一个英国小镇的居民，决定向伟大的胡里奥挑战。

他们打制了一个特别坚固的铁牢，配上一把看上去非常复杂的锁，请胡里奥来看看能否从这里出去。

胡里奥接受了这个挑战。他穿上特制的衣服，走进铁牢中，牢门"哐啷"一声关上了，大家遵守规则转过身去不看他工作。

胡里奥从衣服中取出自己特制的工具，开始工作。30 分钟过去了，胡里奥用耳朵紧贴着锁，专心地工作着。45 分钟……一个小时过去了，胡里奥用耳朵紧贴着锁，他头上开始冒汗。最后两个小时过去了，胡里奥始终听不到期待中的锁簧弹开的声音。

他精疲力尽地靠着门坐下来，结果牢门却顺势而开。

原来，牢门根本没有上锁，那把看似很厉害的锁只是个样子。

小镇居民成功地捉弄了这位逃生专家。

本来一件简单的事，几经反复，却变得复杂起来。把复杂的问题简单化,是聪明人的做法;把简单的问题复杂化,是愚蠢人的做法。

餐桌上,七八个汉子为打开一个恼人的酒瓶塞几乎败了酒兴。

经过他们轮流折腾,现在那个软木塞非但起不出,反而朝瓶内陷下去半厘米。有人提出应该用剪刀挑;有人则否定,认为木质疏松,不易成功。有人提出最好用一只螺丝钉旋进木塞,然后用力拔出;还是有人否定,认为即使稍微朝下用点力木塞也会掉进瓶内。又有人认为最好的办法是用锥子对着木塞朝瓶颈壁的方向用劲插入,然后可望将木塞随锥子一起拔出。大家说主意虽好,可惜眼前找不到这种家伙。

再次折腾的结果是软木塞没有取出,却掉进了酒瓶内。汉子们在一片惋惜中发现了事情的结果——酒能倒出来了。

在走了许多弯路之后,人们往往发现原来最不愿意走的那条路竟是最好的路。这个世界上,最清醒的人应该是自己,而不是别人。自己不能选择自己的路,岂不是一种悲哀吗?

很多事情本来很简单,却往往被我们所忽略,反而使事情变得复杂。

简单地处理问题

人简单不了,往往是受限于追求繁杂的思维定式,将问题简单化,是智慧的体现。"多"不一定好,"合适"才好。

假如你是某著名大学的高才生,非常幸运地被某个著名科学家聘请为实验助手。

一天,科学家正在进行某项实验,因为实在忙不过来,便请你帮忙做一件事:他拿出一个梨形玻璃泡,对你说:"请把它的容积计算一下,我需

要这个数据。"

事情看上去很简单，但由于灯泡不是规范的方形、圆形，而是梨形，计算起来就不那么容易了。

接过灯泡后，你是否会调动大学里学过的有关知识，又是拿标尺测量，又是在纸上不断计算呢？如果这样做的，你可能是一个会应用知识的学生，但非常遗憾，你未必是一个办事有效率的人。

上述情景，曾经发生在"世界发明大王"爱迪生的实验室里。爱迪生有位叫阿普顿的助手，出身名门，是大学的高才生。在那个门第观念很重的年代，阿普顿对小时候以卖报为生、自学成才的爱迪生很有些不以为然。

一天，爱迪生安排他做这样一个计算梨形灯泡容积的工作，他一会儿拿标尺测量，一会儿计算，几小时过去了，他忙得满头大汗，但就是算不出来。

这时，爱迪生进来了，他看看面前堆了一叠稿纸的阿普顿，明白了是怎么回事。

于是拿起玻璃泡，倒满水，递给阿普顿说："你去把玻璃泡里的水倒入量杯，就会得出我们所需要的答案。"

阿普顿这才恍然大悟：哎呀，原来这样简单！从此，他对爱迪生产生了深深的敬意。

"原来是这样简单！"的确，许多问题其实很简单就可以解决，现代人都太过复杂了，很多事都本末倒置。因此，凡事都应力求简洁，直截了当，切中要害。

简单就能赢

用最简单的方法去解决最复杂的问题，有时候也是最有效的方法。

1. 凡事探究"有没有更简单的办法"

在许多人的印象中，思维方法仿佛是与复杂结缘的：他们不仅把问题看得复杂,更把解决问题的方式变得复杂,甚至钻到"牛角尖"里无法出来。学会把问题简单化,是顶级智慧的体现。

在中华文化中,特别重视简易的智慧。《易经》被尊为"百经"之首,其"易"的含义通常有3个:一是变易,二是不易,三是简易。《易》的卦,每一个都由"—"与"– –"组成,简单至极,却又变化无穷。

有时候,简单的方式才能最好地解决问题。我们来看一个很有名的例子:

新中国成立初期,某大学的一个研究室里,研究人员迫切需要弄清一台机器的内部结构。这台机器里有一个由100根弯管组成的密封部分。要弄清内部结构,就必须弄清其中每一根弯管各自的入口与出口,但是当时没有任何有关的图纸资料可以查阅。显然这是一件非常困难和麻烦的事。大家想尽了办法,甚至动用某些仪器探测机器的结构,但效果都不理想。后来一位在学校工作的老花工,提出一个简单的方法,很快就将问题解决了。

花工所用的工具,只是两支粉笔和几支香烟。他的具体做法是:点燃香烟,大大地吸上一口,然后对着一根管子往里喷。喷的时候,在这根管子的入口处写上"1"。这时,让另一个人站在管子的另一头,见烟从哪一根管子冒出来,便立即也写上"1"。其他的管子也都照此办理。

于是,100根弯管,不到两个小时便把它们的入口和出口全都弄清了。

为何众多的学者没办法解决的问题,却被一个没什么文化的花工轻而易举地解决了?

并不是这位花工的智力高于那一帮学者,而是学者受到思维定式的束缚,而花工只求更简单地解决问题!

2. OMIT 法:砍削与本质无关的信息

有时问题难以解决,不是由于信息缺少,而是信息、枝蔓太多。这样

往往会导致 3 种情况:①次要信息淹没主要信息,导致主次不分;②在枝节上、局部上耽误太多时间;③误入歧途,甚至走到反面。

OMIT 即省略法,与 Exclude 法(排除,拒绝)、Remove 法(自原来位置取走拿开、排除)类似。此法在哲学史上有一著名典故——奥克姆剃刀:哲学家奥克姆对中世纪的经院哲学十分不满,认为其一直限于烦琐的概念演绎,丢弃问题的根本。故提出要用"剃刀"将不必要的东西大大除掉。

3. 反问立论前提

有时候问题之所以繁杂,往往是由于立论前提有问题。有时或者在根本无法成立的前提下提出结论或办法,或者自设前提,作茧自缚。

明代冯梦龙所著《智囊》,是一部研究智慧的经典。书中将"通简"放在第一部的"上等的智慧"之中。"通简"卷的序言是这样写:"世本无事,庸人自扰。唯则通简,冰消日皎。"

翻译成现代文,大意是:世上许多事情,其实都是庸人们自己制造出来的。只要通情达理,以一种不把事情搞复杂的方式去处理,问题就会像太阳一出冰雪融化一样解决了。

心灵悄悄话

博览群书和拓宽知识面对人们在思考问题、制定决策、实施计划等方面是起促进作用的,但掌握知识并不等于具备运用知识的能力。要将所学的理论知识转化为能力,就要求领导者必须以"对具体问题进行具体分析"的态度,对所掌握的知识进行消化、吸收,灵活机动地运用,才能使理论知识成为推动智能涡轮旋转的动力。

逆境中孕育着机会

人生的机遇有两种,一种是顺境,一种是逆境。在顺境中顺流而上,抓牢机遇,或许每个人都能够做到。但面对逆境,许多人却纷纷败在阵下,在逆流中舟沉人亡。

事实上,任何逆境里边都孕育着机遇,而且这种机遇的潜能和力量都是十分巨大的,那些善于抓住机遇的老手,十分乐于在逆境中生存,因为他们知道,逆境将把他们推向又一个更高的起点。

法国著名作家罗曼·罗兰就是因为逆境而改写了自己的一生。1892年,罗曼·罗兰与巴黎上流社会的小姐克洛蒂尔特·勃来亚结婚,由于社会地位不同,思想基础不一样,到1901年初,两人终于离异,结束了同床异梦的痛苦生活。

告别了上流社会之后,在经历了一段刻骨铭心的痛苦经历后,罗曼·罗兰终于沉下心来开始了他梦寐以求的文艺创作。他一个人住在简陋的公寓里,埋头写作,历经3年,发表了《约翰·克利斯朵夫》的第一卷,又过了9年,终于完成了这部鸿篇巨制。试想:如果没有这段痛苦破碎的婚姻,罗曼·罗兰怎能有日后辉煌的成就呢?

为什么逆境也能够产生机遇呢?因为顺境和逆境在一定的条件下是可以转化的。环境本身是无情的,但也是公正的,它对所有人都一视同仁。环境虽然不以人的意志为转移,但是人对于环境却有主观能动性。每个人都可以努力去改变环境,到一定时候,逆境也可能转化为顺境,也

就是说人在逆境的情况下，也可能获得成功的机遇。

事实上，在机遇出现的全过程中，顺境和逆境往往是交错出现的。今天碰到的顺境，明天有可能就成了逆境，所以，要想抓住机遇，必须能够在顺境中扬帆鼓浪，能够在逆境中避短就长。

人在逆境，生不逢时，意志坚强者发愤努力，不时改变着环境，机遇将不断出现；意志薄弱者却只能抱怨环境，无为而终。 逆和顺是矛盾的两个方面，逆境可以使机遇夭折，也可以使机遇出现；顺境理应为机遇出现提供良好条件，但搞得不好，同样也可以使机遇夭折。

每个有志成为抓住机遇的人们，不应为生不逢时而让成功的机遇走而远之，也不应为命运的磨难而让成功的机遇埋没掉，在我们面前出现的逆境只是在人生道路上所必然遭到的困境，它是完全可以摆脱和克服的。

一个有志之人不应因逆境而丧失志向，而应该认识逆境、研究逆境、突破逆境，一步步改善自己的条件，认清发展自己的途径，那么成功的机遇是可以实现的。

激光技术攻关能手，青年工人王江民是"四人帮"横行时期的初中毕业生，论技术，他没有经过名师的传授；论环境，他所在的是厂房狭小、设备简陋的集体企业，再加上本身残疾，他可谓是非常"不幸"了。然而，善于发掘环境，善于创造机会，他不仅看到了环境不利的一面，也看到在这里可以大有作为的一面，坚信通过自学可以摆脱知识贫穷的困境。

正是在这种逆境下，他通过刻苦自学、奋发钻研，从 1977 年以来先后研制成功了激光水准仪等一系列激光仪器，使自己终于成为这一领域的带头人。

人生中的逆境，不过是漫长人生中的几道曲折、几个漩涡，要善于在逆境中逆流而上，开创新的天地。

在一个人的成才道路上，既有顺境，又有逆境，不可能走得都是广阔平坦的路，一帆风顺的成功者在历史上是很少的，更多的成功者反倒是在逆境中摸索前进的。

富兰克林在贫困中奋发自学、刻苦钻研、进取不息,成为近代电学史上的奠基人。高尔基曾在老板的皮鞭下,在敌人的明枪暗箭中,在饥饿和残废的威胁下坚持读书、写作,终于成为世界文豪。可见,成功人士们或是煎熬于生活苦海,或是挣扎于传统偏见,或是奋发于先天落后,或是发奋于失败之中,他们最终得以成功的秘诀在于朝着预定的目标,砥砺于各种难以想象的逆境之中,奋战逆境,知难而上,终于成为淬火之钢、经霜之梅。反之,这些人,如果无法在逆境中生存,又怎么获取成功的机会呢?

身处逆境中的人,只要你有一颗执著之心,逆境在你的眼里,也会成为一种机遇。

变危机为良机

一个优秀的人,不会害怕和躲避问题,相反,他不仅能够解决问题,而且能够把一个个危机变为机会。"方法总比问题多",最高境界的方法,不只是能解决问题的方法,而且是能把问题、危机转化为机会的方法!

1. 坏事可以转化为好事

根据辩证法的原理,任何事情在一定条件下,都可以向相反的方面转化。好事可能变坏事。同样,坏事有时同样也能转化为好事。

几年前,老秦的一位在房地产公司担任总经理的朋友,无缘无故被人在街上打了一顿。他的这位朋友所在的公司,是香港一家房地产公司在安徽某市的分公司。当时他们刚到那里,对当地情况很不熟悉。结果,当地一位蛮横的老板,以他的朋友抢了生意为由,带人将朋友打了一顿。事

情发生后,到底该如何处理,大家意见不一。

当地的员工介绍说:这人向来刁蛮,经常无事生非,而且,跟当地的某些权要也有些关系,周围的人都怕他。于是,有人提出:"强龙不压地头蛇,忍一时风平浪静,算了。"

但更多的人则倾向于找他算账,总经理被打,那还得了?!有的说:"怕什么?公司里人不少,先把那个小子揍一顿再说。"他们的理由是:既然这里的人如此野蛮,为了避免"人善被人欺",只有打出威风来,公司才能在这里立足。说完,群情激愤,有的员工甚至操起家伙准备找他算账。

当时老秦正好在那里旅游,目睹了这一幕。老秦对朋友说:"出了这样的问题,一定要解决,但不能蛮干。"与此同时,老秦分析:作为来这里投资的外商,遇到了这样恶劣的事情,如果宣扬出去肯定会对当地的投资环境产生不良的影响,我相信市领导是不会对这样的事情坐视不理的。因此应该借此机会向市领导反映情况,这不仅是为了出气,更是为了以后更好地开展工作。

朋友听取了老秦的意见,当即给市领导写了一封长信。老秦又写了一份辅证材料,并提出希望该市改善投资环境。

果然,几天后朋友告诉老秦,市领导十分重视这件事,当即指令公安局领导查处此事。经过调查核实后,公安部门按有关条例对那位打人的老板作出了拘留的处罚!不仅如此,市领导以此为由头,狠抓投资环境的建设,并在当地报纸上对此进行了讨论,以全面改善当地的投资环境。

更耐人寻味的是,那位打人的老板被放出来之后,不知出于什么心理,还买了一堆营养品来看望老秦的朋友。谦恭有礼,前后判若两人。

2. 普遍的危机可以变成独特的机会

对成功者而言,机会无处不在。这不仅在于他们在寻常状态下,对机会有全方位的嗅觉,还在于他们善于挖掘危机中的机会,其中包括把涉及所有人(包括自己)的普遍危机,能够变成属于自己的独特机会。

卡耐基是美国一家钢铁公司的老板。他一直想有大的发展，兼并一些大的钢铁公司，但一直未能如愿。后来，美国全国性的罢工越来越多，所有的钢铁企业包括卡耐基公司都受到强烈的冲击。对一般人来说，这是问题来了。而聪明的卡耐基却感到：机会来了。因而积极采取得力措施，使公司尽快从罢工问题中解脱出来。

他积累了处理罢工问题的经验，同时也积极储备资金。在此基础上，他密切注意各个竞争对手的状况，抓住机会，将这些处于罢工困境中的公司一家家兼并下来。卡耐基公司获得了超时代的发展，其钢铁在全国市场上的占有率从 1/7 一跃而为 1/3。不久，他将公司改名为 US 钢铁公司，成为当时世界上最大的钢铁公司。

卡耐基的成功，证实了华尔街股市的一句名言："牛（上涨）能赚，熊（下跌）能赚，猪只能进屠宰场。"

卡耐基的成功，告诉我们一个道理：当所有人遇到同样的困难和问题时，只要你能先于他人攻克难关、化解难题，那么，普遍的困难和问题，就成了你超常的独特良机。

心灵悄悄话

在把握有关变化特征的基础上，决策者还应善于将变化了的情况及时反映到头脑中，进行认真分析和去粗取精、去伪存真的加工制作。这样，我们所做出的决策就能更加符合实际，更具有科学性。

好方法使你更高效

在绝大多数情况下，人与人之间的资质是差不多的。聪明的人常常是在工作中运用了正确方法的人，他们善于思考、善于琢磨，在找到高效的方法之后，才会采取正确的行动。

从前有个奇异的小村庄，村里除了雨水没有任何水源，为了解决这个问题，村里的人决定对外签订一份送水合同，以便每天都能有人把水送到村子里。有两个人愿意接受这份工作，于是村里的长者把这份合同同时给了这两个人。

得到合同的两个人中有一个叫艾德，他立刻行动了起来。每日奔波于1里外的湖泊和村庄之间，用他的两只桶从湖中打水并运回村子，并把打来的水倒在由村民们修建的一个结实的大蓄水池中。每天早晨他都比其他村民起得早，以便当村民需要用水时，蓄水池中已有足够的水供他们使用。由于起早贪黑地工作，艾德很快就开始挣钱了。尽管这是一项相当艰苦的工作，但是艾德很高兴，因为他能不断地挣钱，并且他对能够拥有两份专营合同中的一份而感到满意。

另外一个获得合同的人叫比尔。令人奇怪的是自从签订合同后比尔就消失了，几个月来，人们一直没有看见过比尔。这点令艾德兴奋不已，由于没人与他竞争，他挣到了所有的水钱。

比尔干什么去了？他做了一份详细的商业计划书，并凭借这份计划书找到了4位投资者，一起开了一家公司。6个月后，比尔带着一个施工队和一笔投资回到了村庄。花了整整一年的时间，比尔的施工队修建了一条从村庄通往湖泊的大容量的不锈钢管道。

这个村庄需要水,其他有类似环境的村庄一定也需要水。于是他重新制订了他的商业计划,开始向全国甚至全世界的村庄推销他的快速、大容量、低成本并且卫生的送水系统,每送出一桶水他只赚 1 便士,但是每天他能送几十万桶水。无论他是否工作,几十万的人都要消费这几十万桶的水,而所有的这些钱便都流入了比尔的银行账户中。显然,比尔不但开发了使水流向村庄的管道,而且开发了一个使钱流向自己钱包的管道。

从此以后,比尔幸福地生活着,而艾德在他的余生里仍拼命地工作,最终还是陷入了"永久"的财务问题中。

每当我们要做出工作决策时,这个故事应该能给我们些思考:"我们是在拼命地工作还是在聪明地工作?"同样是在工作,有些人勤勤恳恳、循规蹈矩,终其一生也成就不大。而聪明的人却在努力寻找一种最佳的方法,在有限的条件中发挥聪明才智的作用,将工作做到最完美。

找到你效率低下的"罪魁祸首"

大多数人身上都有这样一种不良的工作习惯,即实施项目,干了一段时间,就会半途而废,又重新开始另一件事。这样做的原因是在遇到障碍或问题之前努力工作,一旦遇到障碍或问题,不是想办法冲破障碍或者解决问题,而是躲开去做另一件事。他们喜欢做简单和熟悉的事情,因为他们害怕失败。

然而,最终还得回到这些项目上,原先所谓的困扰的问题仍然需要解决……时断时续是造成工作效率低的原因之一。这种不良的工作方式不但会消耗掉大量时间,而且,重新工作时,你还需要花时间调整大脑及注

意力，才能在停顿的地方接下去干。一下子就能找出中断的地方，立刻接上原来的思路的人是不多的。

下面是避免或尽量减少停顿的 5 种方法：

1. 争取在清晨开始工作

时间效率专家们发现清晨工作时较少受干扰、被打断。如果你能安排自己在清晨工作，你会发现你那一天干劲特别足，能用于工作的时间也延长了。

2. 尽量在大段时间内工作

如果你手头的工作需要高度集中精神，你要学会在长达 4～6 小时的大段时间内工作，和有关人员交换一下意见，在固定的时间里接一下对方的电话，或者关上你的门和门口贴上"在某一时间后可以联系我"。

当你要进行一项重要工作的时候，如果感觉无论怎么样周围总似乎存在着一些干扰，那么你最好在公司以外的地方另找一个工作场所。因为这样可以不怕别人打断你的工作，不必把时间耗费在重新集中精神上。

3. 雇一名效率高的秘书

防止工作时断时续的最佳方法是，在你自己和经常打断你工作的人之间安置一个人。逐客或者避而不见，可能会感到很不好意思，但是磨磨蹭蹭、拖泥带水所带来的却是比浪费时间更坏的结果。你雇了效率高的秘书后，这位秘书会控制别人在什么时候来找你，解决这些"干扰源"。

4. 办公室的设计应能避免干扰

工作最紧张的时候，最讨厌的莫过于那些来自各个方面的干扰了。如果你对自己的办公室设计有发言权，你要把它设计成允许来访者进入时他们才能进入的格局。

5. 改变用电话的方式

电话是一个为方便生活和工作而发明的科技奇迹，但现在看来，却好像专门摆在桌子上控制你……电话铃声一响非接不可，结果思路被打断，这一天不得不重新安排。有时电话让你感觉自己权大无比，有时又让自己觉得力不从心。电话捣乱烦人本事之大，难怪人们说电话也许是造成精神紧张、误解、纠纷、效率低下的主要原因。但如果我们换一个思考的角度来处理此一难题,让电话为你提供方便而不是干扰你,电话的积极意义是不是出来了?

千万不要成为电话的奴隶,要把电话作为有用的通信工具来使用。避免方法之一是,电话不直接接入你的办公室(这样做的原因跟你不允许在工作时不停地被打断一样)。此外,一天当中划出一段时间来专门用于接电话。请永远牢记,电话是为了方便工作而设的。

心灵悄悄话

管理者做决策,就好像外科医生决定是否要对病人进行手术一样。外科医生在决定动手术前,都会非常慎重,因为他们知道,外科手术不可能没有风险,所以必须避免那些不必要的手术。

蚂蚁也会变成大象

无论你现在是否微小得像只"蚂蚁"，只要你善于寻找方法，就能不断强大，总有一天会变成"大象"。

美国船王丹尼尔·洛维格从自己第一桶金，发展至他后来数十亿美元的资产，就和他善于寻找方法的特点息息相关。

当他第一次跨进银行的大门，人家看了看他那磨破了的衬衫领子，又见他没有什么可做抵押的东西，自然拒绝了他的申请。

他又来到大通银行，千方百计总算见到了该银行的总裁。他对总裁说，他把货轮买到后，立即改装成油轮，他已把这艘尚未买下的船租给了一家石油公司。石油公司每月付给的租金，就用来分期还他要借的这笔贷款。他说他可以把租契交给银行，由银行去跟那家石油公司收租金，这样就等于在分期付款了。

许多银行听了洛维格的想法，都觉得荒唐可笑，且无信用可言。大通银行的总裁却不那么认为。他想：洛维格一文不名，也许没有什么信用可言，但是那家石油公司的信用却是可靠的。拿着他的租契去石油公司按月收钱，这自然会十分稳妥。

洛维格终于贷到了第一笔款。他买下了他所要的旧货轮，把它改成油轮，租给了石油公司。然后又利用这艘船做抵押，借了另一笔款，从而再买一艘船。

洛维格的成功与精明之处，就在于他利用那家石油公司的信用来增强自己的信用，从而成功地借到了钱。

这种情形继续了几年，每当一笔贷款付清后，他就成了这条船的主人,租金不再被银行拿走,顺顺当当进了自己的腰包。

当洛维格的事业发展到一个时期以后,他嫌这样贷款赚钱的速度太慢了,于是又构思出了更加绝妙的借贷方式。

他设计一艘油轮或其他用途的船,在还没有开工建造,还处在图纸阶段时,他就找好一位顾主,与他签约,答应在船完工后把船租给他们。然后洛维格才拿着船租契约,到银行去贷款造船。

当他的这种贷款"发明"畅通后,他先后租借别人的码头和船坞,继而借银行的钱建造自己的船。他有了自己的造船公司。

就这样,洛维格靠着银行的贷款,爬上了自己事业的巅峰。

和洛维格相仿,委内瑞拉人拉菲尔·杜德拉也是凭借这种不断找到好机会进行投资而发迹的。在不到 20 年的时间里,他就建立了投资额达 10 亿美元的事业。

在 20 世纪 60 年代中期,杜德拉在委内瑞拉的首都拥有一家很小的玻璃制造公司。可是,他并不满足于干这个行当,他学过石油工程,他认为石油是个赚大钱和更能施展自己才干的行业,他一心想跻身于石油界。

有一天,他从朋友那里得到一则信息,说是阿根廷打算从国际市场上采购价值 2000 万美元的丁烷气。得此信息,他充满了希望,认为跻身于石油界的良机已到,于是立即前往阿根廷活动,想争取到这笔合同。

去后,他才知道早已有英国石油公司和壳牌石油公司两个老牌大企业在频繁活动了。无疑,这本来已是十分难以对付的竞争对手,更何况自己对经营石油业并不熟悉,资本又并不雄厚,要成交这笔生意难度很大。他没有就此罢休,而是采取迂回战术。

一天,他从一个朋友处了解到阿根廷的牛肉过剩,急于找门路出口外销。他灵机一动,感到幸运之神到来了,这等于给他提供了同英国石油公司及壳牌公司同等竞争的机会,对此他充满了必胜的信心。

他旋即去找阿根廷政府。当时他虽然还没有掌握丁烷气,但他确信自己能够弄到,他对阿根廷政府说:"如果你们向我买 2000 万美元的丁烷气,

我便买你 2000 万美元的牛肉。"当时,阿根廷政府想赶紧把牛肉推销出去,便把购买丁烷气的投标给了杜德拉,他终于战胜了两个强大的竞争对手。

投标争取到后,他立即筹办丁烷气。他随即飞往西班牙。当时西班牙有一家大船厂,由于缺少订货而濒临倒闭。西班牙政府对这家船厂的命运十分关切,想挽救这家船厂。

这一则消息对杜德拉来说,又是一个可以把握的好机会。他便去找西班牙政府商谈,杜德拉说:"假如你们向我买 2000 万美元的牛肉,我便向你们的船厂订制一艘价值 2000 万美元的超级油轮。"西班牙政府官员对此求之不得,当即拍板成交,马上通过西班牙驻阿根廷使馆,与阿根廷政府联络,请阿根廷政府将杜德拉所订购的 2000 万美元的牛肉直接运到西班牙来。

杜德拉把 2000 万美元的牛肉转销出去之后,继续寻找丁烷气。他到了美国费城,找到太阳石油公司,他对太阳石油公司说:"如果你们能出 2000 万美元租用我这条油轮,我就向你们购买 2000 万美元的丁烷气。"太阳石油公司接受了杜德拉的建议。从此,他便打进了石油业,实现了跻身于石油界的愿望。经过苦心经营,他终于成为委内瑞拉石油界的巨子。

寻找方法创造机会,能让许多难题变成有利的条件,为我们创造更多可以脱颖而出的资源。

心灵悄悄话

头脑风暴法又称专家会议决策法,是指依靠一定数量专家的创造性逻辑思维对决策对象未来的发展趋势及其状况做出集体判断的方法。其特点是:充分发挥若干专家所组成的团体宏观智能结构效应,在会上通过专家们之间的信息交流和相互启发,引发思维共振,在较短的时间里取得更多新创意的效果。

第七篇

信息是科学决策的基础

信息为决策提供理论来源，好比决策是大脑，信息就是神经。信息是企业的另一样资源，信息的采集、分析，使决策更具有权威性、正确性。因此决策是信息的产物。

闭目塞听的人，由于他的大脑进不来信息，他就不可能是个聪明的人，也不可能进行正确的预测和决策。这是因为，信息是预测和决策的"原材料"。在社会发展到如此复杂而且多变的今天，信息量已经爆炸性地剧增，信息对于预测和决策的意义就显得更加重要。

信息时代的"淘金者"

《三国演义》中，最令人佩服的莫过于"智慧的化身"——诸葛亮。特别是他的隆中对，未出茅庐已知天下三分，尤为后世千百万读书人崇拜不已。然而，《三国演义》并没有告诉我们孔明先生是凭借什么才能做出这一战略性的预见和决策，只有其弟诸葛均稍稍透露了一点线索，原来这位"卧龙"并不是真的高卧隆中，闭门苦读，两耳不闻窗外事，而是"或驾小舟于江湖之上，或访友寻师于洞府之间"，四处访游，密切注意天下形势的变化，所以才能明了诸侯纷争的强弱虚实，确定"联吴抗曹，先取荆州，后收巴蜀"的大计。

人们通常把思维敏捷、智多识广的人称作"聪明人"。一个聪明的决策者，他的头脑灵、反应快、主意多，所以他有迅速而又正确地理解和决策问题的能力。但是"聪明"这个词本来的含义却是指"耳聪目明"，"聪"是指耳朵听得清，"明"是指眼睛看得见。虽然"聪明"现在几乎已经转义成了"智慧"的代名词，但它之所以能作这样的转义，说明聪明的根源在于见多识广，即在于耳朵听到的信息多，眼睛见到的信息多。闭目塞听的人，由于他的大脑进不来信息，他就不可能是个聪明的人，也不可能进行正确的预测和决策。这是因为，信息是预测和决策的"原材料"。无论是问题的提出、分析、预测还是方案的拟订、评价和选择，都是以有关信息为依据，预测和决策中的任何一个阶段都离不开信息。

在社会发展到如此复杂而且多变的今天，信息量已经爆炸性地剧增，信息对于预测和决策的意义就显得更加重要。今天的管理干部所面临的问题往往十分复杂，牵涉的因素很多，需要大量的信息才能做出正确的分析与判断,信息的意义就显得十分突出了。由于缺乏信息而导致决策失误的教训很多。

日本实业界特别推崇中国的《孙子兵法》,其中的一句名言"知己知彼,百战不殆"受到广泛重视。何以知己?何以知彼?靠什么来了解竞争双方的特点和条件?靠的就是信息,也就是我方的情况和对手的情报。孙子这句名言说的就是信息极端重要性的原理。

信息对预测和决策是如此的重要,但预测和决策对所需的信息也有其要求,并不是随便什么信息或者随便有多少都可以满足需要。归纳起来,对信息的要求有及时、准确、适用、完整和经济5个方面。

信息及时的重要性自不待言,其准确性更值得重视,尤其是在信息量剧增、各种干扰性甚至欺骗性信息充斥的今天,更是需要有一双"火眼金睛"。信息能否准确,关键在于两个方面:一是在信息源那里,要看信息是否来自真实的原始记录或者深入的实地调查,依靠弄虚作假、假账真算、瞎编乱估等产生的只能是假信息;二是在传输与加工之中也有可能引起信息失真。

在科学技术高度发达的今天,一个企业要想在竞争中立于不败之地,关键在于信息是否灵通。有人把信息比作企业的生命,这种比喻是十分贴切的。例如,美国加州有个服装公司,1985年销售额约3亿美元,当人们问到他们的成功秘诀时,他们回答:"是信息灵通给我们带来了繁荣。"

现今是一个信息的时代,信息量呈爆炸性地增长,因此,如何在纷纷繁繁的各种喧嚣声中寻找到你所需要的信息,是每个企业、每位管理者必须解决的问题。对于实力雄厚的大公司,可以不惜斥巨资建立自己的情报网和信息处理中心,一般的公司也可以向信息咨询公司和信息开发公司等专门机构求助,那些财力人力都不够的小公司又该怎么办呢?其实不必担忧。今天所缺的不是信息,而是缺少慧眼识真金的人才。只要做个有心人,时刻注意听、看、读、问,电视、电台、书报和旁人那里就有信息的金矿等待你去发掘,在必要的时候再做有重点、有目标的搜索就行。

被称为香港"假发之父"的华裔富商刘文汉,就是在餐桌上凭一句话的信息而发家的。

1955 年的一天,刘文汉在美国克利夫兰市的一家餐馆里,和两个美国商人共进午餐。席间,他们谈到如何开创一门新行业,使之在美国得以畅销,其中一个美国商人说了两个字"假发"。刘文汉反问了一句:"假发?"那人点点头说:"假发。"真是言者无意,听者有心。当时,连假发是什么都不知道的刘文汉凭着他敏锐的感觉和聪明的头脑,认为假发业一定会给他带来财富。于是,他千方百计找到了当时在香港、九龙独一无二的假发制造师。经过假发师的帮助,刘文汉生产出了品质优良的假发。刘文汉的假发制造业为他开创了史无前例的黄金时代,香港也差不多在一夜之间成了世界假发制造业之都——香港的假发热,真像当年美国的淘金热一般啊!

这就是信息对决策的重要性,因此,真正的决策者必须是信息大王。

心灵悄悄话

"决策树"法是风险决策的一般性方法。把决策过程用树状图来表示,树状图一般由决策点(常用方块表示)、方案枝(常用细线表示,一个方案枝代表一个方案)、状态结点(常用圆点表示)、概率枝(常用细线表示,每条概率枝代表一种自然状态)、结果点(收益值或损失值)几个关键部分组成。

决策离不开信息

作决策需要掌握大量的信息,光靠拍脑袋、拍胸脯,干了再说,是行不通的。决策者如果没有树立起信息的观念,不遵循信息原则,要干成大事业几乎是不可能的。

作决策没有掌握具体可靠的信息,便是寸步难行,更不用谈成功二字了。信息被人们公认为"无形的财富",管理者如果能在信息的茫茫大海中,及时、准确地获得有用的信息,捕捉发展趋势,确定自己的经营方式,做出准确的决策,就可以给企业带来巨大的成功。信息是决策的基础,决策是信息的结晶。

美国的企业家 S. M. 沃尔森说:**"一个成功的决策,等于 90% 的信息加上 10% 的直觉。"** 那些成功的企业最看重信息,把信息视为生命,也最懂得利用信息做出最有效的经营决策。

日本抢占美国汽车市场就是有效运用信息的典型例子。20 世纪 70 年代,世界发生了石油危机,油价从每桶 18 美元猛涨为 32 美元。西方许多高耗能企业纷纷落马,经营陷入一片混乱,汽车市场因为受此冲击,开始悄悄地发生变化。

面对同一个信息,美国底特律汽车生产基地未能看清形势,有的汽车制造厂家认为过不了多久石油又会变得便宜而充足,有的认为美国人决不会改变对大体积的美国汽车的自豪感,而去购买虽然省油但体积小的日本汽车,有的则是这两种看法兼而有之。日本汽车行业则审时度势,根据变幻莫测的美国汽车市场,做出了继续生产体积小的省油汽车以占领

美国市场的决策。

当时,美国公众急需的正是这种体积小又省油的汽车。所以,美国汽车市场的形势发展日益有利于日本汽车行业,日本汽车在美国一路畅销。等到美国的汽车制造厂家终于发现自己面对的是一个截然不同的新局面,但再去设计和改造汽车已为时太晚。

决策的过程,实际上就是信息的投入和产生的过程。决策离不开信息,善于捕捉、利用有价值的信息是成功的前提。

心灵悄悄话

成功与失败只是一步之差,企业发展之路是漫长的,但关键的就那几步。决策和做其他事情一样,成功和失败都有可能,不会有100%的成功。问题是如何尽可能地降低失败的几率,多争取成功的结果,这是决策时必须考虑到的。

信息不灵导致决策失误

当今世界,是信息时代,无论是哪一个企业,要在严峻的市场竞争中保持优势,必须"眼观六路,耳听八方"。一个企业如果内外信息不灵、信息闭塞,或是忽视信息的开发和利用,或是有了信息不重视研究分析,造成决策失误,也会导致企业出现危机。

信息不灵往往是决策失误的一个重要原因,一条有重要价值的信息可促成一笔大的交易甚至能派生出一个产业。相反,由于信息不灵或信息不准,可以导致决策失误或产业衰败。 这样的例子不胜枚举:例如,在全世界 Vc 生产已大大超过需求能力的情况下,我国一些地方由于信息不灵不准盲目决策,又投巨资兴建了一批大型 Vc 生产企业,在供过于求的情况下,企业想收回投资几乎是不可能的。

信息是决策的基础和依据,只有在充分掌握了决策所需要的各种信息的基础上,才有可能作出正确的抉择。决策没有信息可以说是寸步难行。情况不明、信息不准,决策者就像盲人,决策中就会碰壁,导致决策失误,造成人、财、物的浪费。

20 世纪 80 年代,一家上海的保温瓶厂曾经用了好几年时间攻关,耗费了大量人力、物力、财力,解决了"以镁代银"的保温瓶镀膜工艺技术。这在当时被看作是我国在此项工艺上的新成就,并准备为它请奖。

但是,后来一个有心人查找了专利文献,发现一家英国公司早在 1929 年就解决了这个问题,并申请了专利。其实,这个发明专利花 5 美元左右便可买到。把别的国家 50 年前已取得的研究成果作为科研项目

来攻关，白白耗费了大量人力、物力，正是因为信息不灵，才造成了这种劳而无功的决策。

科学的决策，必须以全面客观的信息资料为依据。掌握信息和了解情况，是对决策者和领导人的起码要求，是决策者正确判断和决策的基本前提，是决策切实可行的根本保证。如果决策人信息不灵、情况不明，或者反应迟钝，只知其一，不知其二，就很难做出正确的决策，甚至贻误时机，造成损失。

市场上常常会看到许多产品，由于不注意来自用户方面的信息，因而形成积压，最后不得不廉价处理，导致生产经营亏损，经济效益下降，其原因就是对市场信息了解不够，或者判断失误。决策者只有充分掌握足够可靠的信息，对情况了如指掌，才能驾驭形势、运筹自如、适应环境，不失时机地做出成功的决策。科学的决策，必须基于全面、客观、及时、正确、丰富的信息。决策离开了信息也就成了无源之水和无本之木。

心灵悄悄话

因为决策的过程充满着不确定和风险。正是因为厌恶风险，我们会选择盲目地冒险，一次成功的经验可能源于错误的决策。如果只关注决策的结果而不关注决策过程，这种偶然的幸运带来的将是更大的灾难。

真正的决策者必须是信息大王

信息就跟空气一样，无处不有又无处不在。在实际中，不是缺少信息，而是缺少发现信息的眼睛。任何时候，我们都必须利用自己敏感的神经，不放过每一个可能有用的信息，哪怕是一点一滴的事、一次交谈，只要留心观察，都有可能挖掘到自己要寻找的信息。

在香港，只要一提起假发，很多人都会说到刘文汉的名字，可是很多人都不知道刘文汉的传奇经历。

刘文汉出生在澳大利亚南部的一个华人贫苦家庭，他出生的时候，父亲连办理出生登记的钱都没有，所以他的出生日期到今天都还是一个谜。就是在这样的家庭，他一边做工一边读书，一直到大学毕业，后来移居香港。

1941年，太平洋战争爆发，日本人侵占香港，刘文汉与千千万万的中国人一样，不愿意当亡国奴，带着家人离开香港，到了当时保持中立的澳门。他是一个中国人，深深知道"天下兴亡，匹夫有责"的道理。到了澳门之后，他安顿好家眷就和一些同志回到内地参加了抗日战争，一直到日本无条件投降，他才回到香港。

经过战争的香港，创伤不是短期内可以医好的，一直到20世纪50年代后期，香港的情况也是如此。那时刘文汉主要做汽车零件的经销，虽然已经过了不惑之年，却还是没有什么建树，天天都在为了糊口而拼搏，一直在贫穷的境遇里苦苦挣扎。

1958年，他又一次来到了美国。有一天，他和两个美国商人共进午餐，当谈到美国流行什么商品时，一个美国商人脱口说"假发"。

刘文汉不大相信,就指着自己的头说:"假发?"

那个美国商人说:"OK!"并且从自己随身携带的包里取出了一副黑色的假发。他解释说,在美国,假发已经成了畅销产品,很多人都争着买。可是生产假发的工厂很少,这个美国商人还表示,如果能够找到合适的货源,他可以购进13种不同颜色和样式的假发。真是说者无心,听者有意,刘文汉马上意识到从事假发行业可能大有前途。

他延长了在美国的停留时间,进行了一番详细的调查研究后发现,就像那位美国商人说的那样,美国市场对假发需求量很大,他也因此成了假发之父。

世界上,凡是成功的企业家,都十分注意猎取各种信息和准确应用信息。比如李嘉诚,他通过看报掌握信息更高明,他手下的信息情报部门有许多文化水平高、经营功底深的人员,他们的工作职责是每天把香港的几十份报纸和美国、英国、日本等国家几十份主要报纸看完,然后,将每份报纸的重要情报浓缩,再进行分类,对于新奇的消息和有前途的信息作出评价,最后集中送到李嘉诚的办公室来。

信息对决策者而言,就是成功的密使,它的通风报信,能让你获得市场的先机,所以说,真正的决策者必须首先是一个信息大王,然后才能成为企业之王。

心灵悄悄话

在面临决策困境时,人们往往会有两种选择:把头埋进沙子里,无视环境和条件的变化;抬起头来,勇敢面对。人们之所以选择把头埋进沙子里,或许是因为他们担心自己的决策有误,或者是担心他人的反应,或者是一时的感情用事。

多渠道收集信息

信息是决策的基础。从某种意义上来说,**决策的过程就是信息收集和分析的过程。**没有真实准确、及时全面的信息作基础,就不能进行正确的决策。因为正确的决策来源于决策者对决策问题的正确认识、判断,而正确的认识、判断,只能来源于准确而及时的信息。所以,决策者在决策的过程中,必须注意信息的收集和分析。

信息的收集应当注意多渠道和全方位。所谓多渠道,就是要利用一切可能利用的途径去获取信息,如图书馆、信息情报机构、新闻媒体、计算机网络、调查访问等;所谓全方位,就是要收集一切有可能对决策提供有益参考的情报信息,包括经济、技术、政策法规、市场、竞争等方面。

信息的分析应从辩证的角度入手,不为表象所左右,能透过现象看到其本质。否则,即使有了正确的信息,也无法正确决策。

美国一家食品制造业,因信息不灵而举步维艰。他们投入资金请亚利桑那大学威廉·雷兹教授为其提供具体可行的发展信息。

威廉·雷兹教授接受委托后,对亚利桑那地区的垃圾进行研究,这在一般人看来与信息毫无关联,但威廉·雷兹教授就是在垃圾堆里为这个企业找到了发展的信息。

威廉·雷兹教授对当地的垃圾进行了较长时间的分析研究。他与助手们在每天收集的垃圾堆中挑出数袋,然后把垃圾的内容依其原产品的名称、重量、数量,包括形式等予以分类。如此反复地进行了近一年的收集垃圾的研究分析。

威廉·雷兹教授说："垃圾绝不会说谎和弄虚作假，什么样的人就丢什么样的垃圾。查看人们所丢弃的垃圾，往往是比调查市场更有效的一种行销研究方法。"他通过对垃圾的研究，获得了相关当地食品消费情况的信息：

比如，劳动者阶层所喝的进口啤酒比收入高阶层多，并知道所喝啤酒中各种牌子的比例；中等阶层人士比其他阶层消费的食物更多，因为双职工都要上班而太匆忙了，以致没有时间处理剩余的食物。并依照垃圾分类重量计算，所浪费的食物中，有15%是还可以吃的食品。

通过对垃圾内容的分析，准确地了解到人们消费各种食物的情况，并得知减肥清凉饮料与压榨的橘子汁属于高阶层人士的消费品。

这家企业根据雷兹教授所提供的信息制定经营决策，组织投入生产和推销，结果大获成功。

收集的信息要准确、全面，同时还需要正确地分析这些信息。只有正确的分析，才能去伪存真，由表及里，看清事物的本质，做出科学的决策来；如果偏听偏信，或为表面现象所迷惑，决策就会失误。

心灵悄悄话

信息是决策参考的依据。如果信息不足，就会给决策带来很大的困难。因为高层领导无法在很短的时间内获取足够的信息，他要面对的事情很多，要思考的方面也很多，如果信息量不足，只会拖延决策的时间，甚至影响到决策的质量。

信息就是财富

人们常说,时间就是金钱,而经营实践证明,信息也是金钱。生存在这个变化多端的信息时代,一个人能否赚大钱,往往取决于他搜集信息的能力和运用信息的能力。

美国企业家 S·M·沃尔森说:**"把信息和情报放在第一位,金钱就会滚滚而来。你能够获得多少,完全取决于你比别人多知道多少商业信息。"**

中国台湾"天作实业公司"的女老板周玉凤,从报纸看到这样一条信息:科威特由于完全是沙漠,每年需要进口大量泥土种植花草,美化环境。这条简单的信息启发了这位有经商头脑的老板,她认定小草可作商品,它会比泥土更有发展前途。于是,她投入资本,请科研部门和专家协助研究一种可不需要泥土种植的小草。不久,果然获得成功,小草成为天作实业公司的发财之源。

天作实业公司研究出来的小草,准确地说,应为"植生绿化带",是一种可以大量生产的标准草皮。它的构成,首先是用化学纤维与天然纤维制成"不织布",然后把青草种子和肥料均匀地撒在两层"不织布"之间,卷成一卷,再把它包装好,由商店进行零售。用户在使用时,只要把这些"不织布"铺在地上,敷上一层薄薄的泥土,每天洒水保持湿润,不用一个月的时间,这些地毯般的"不织布"就会长出绿茸茸的小草,这与泥地上种出的草坪毫无两样。

这种"植生绿化带"优点很多,它到处可以"种植",不管在泥地上或

沙漠上，还是楼宇的顶层阳台，只要把"不织布"铺开和保持湿润，绿草就会如期长出来。它既可以防止洒水时把草种冲走，又能保持水分使小草均匀成长，成本低，成活率高，几乎达到100%。正因为它比泥土种植草坪优越，所以很受建筑商和用户的欢迎，它一上市，生意就十分兴隆。

天作实业公司在试制成功后，沿着信息提供的方向，派人员到科威特、沙特阿拉伯、阿联酋等寸土难得的国家去推销这种"不织布"，并在当地进行"植生绿化带"的示范种植，宣传它可以美化环境，见效迅速，还有固沙、防沙的优良特点。经过3个月的推销活动，很快使当地人信服了，连酋长和王子都得意地称这种产品是"台湾创造的现代神毯"。现在，天作实业公司的小草生意越做越大，来自世界各地的订单应接不暇，利润如潮水般涌来。

一些人之所以成功，不是因为他们得到了幸运的机会，而是因为他们有一双慧眼，善于捕捉信息。捕捉商机贵在独具慧眼，其实身边每一件小事当中都蕴涵着相当多的商业机会，成功的商人不放过每一件使神经敏感的小事，从小事中发现大商机。

一条极短的信息，在一般人看来再简单再平常不过了，周玉凤却从中发现了巨大的经济价值，这不仅说明周玉凤有很强的信息意识，还说明她对信息有高度的敏感性，能对此信息展开丰富的联想，在此基础上做出了科学的决策。"信息就是财富"，并不是说信息简单地等于财富。企业家面对诸多信息，要善于捕捉发掘信息的价值所在，并及时做出科学的决策。

心灵悄悄话

好的开始是成功的一半，事业的成败注注在肇始之时就烙下了印记。古代先哲们曾提醒过我们："动必三省，言必再思。"抱着谨慎的态度，做好周详的计划。此时出击，才能让你把握制胜的先机。

第八篇

决策一次性成功

策划要细，行动要快。事业启航时，一定要三思而后行。对于事业，千万不要抱着"亡羊补牢"的侥幸心理，争取第一次就把事情做对。行动之际，学会做周密的计划，降低失败的概率。把小事做细，把细事做透。

编制行动守则，做事井井有条。快乐行动，别让牢骚掀翻事业之船。别人抱怨时，请保持冷静，此时是你行动的最好时机。

最后，赶紧鼓起行动的勇气，就没有困难能吓住你！

策划要细，行动要快

　　古代先哲要我们"动必三省，言必再思"，保持一颗谨慎的心，否则可能"祸从口出""一着不慎，满盘皆输"。我们应权衡利弊，周密计划，切不可轻率盲动，草率行事，否则等待我们的，将是失败的命运。

　　谨慎决不等于畏首畏尾，胆怯退缩。它是把言行构建在认真地调查研究和周密地思考的基础上。一旦开始行动，事情的运转不会给予你更多的时间，所以，贸然出手往往会造成败局。只有考虑周详，你才能把事件掌握在手中，最终获得成功。

　　有句俗语叫"不打无准备之仗"。是的，在战争中，每走错一步都会损失惨重。因此古人非常重视战前的准备工作，厉兵秣马，事无巨细，看起来似乎很琐碎，却是"谨慎出拳"的要求。商战中也是同样道理，要考虑到每个细节，稍有不慎就会一败涂地。

　　王安这个名字你应该不陌生。1984 年的《福布斯》排行榜上，他名列全美富豪榜第 8 名，也是全球华裔中的首富，和洛克菲勒、杜邦、福特这些人齐名。可是仅仅 8 年之后，他的公司就宣告破产。为什么呢？

　　1986 年时，王安手下的员工超过 3 万，营业额高达 30 亿美元，事业一片欣欣向荣。王安的公司是生产电脑的，和"蓝色巨人"IBM 是冤家对头。看到公司业务蒸蒸日上，总裁王安开始考虑向 IBM 发起挑战。正是这次挑战的失败，把他和公司拖进了深渊。

　　市场经济中，竞争当然是难免的。王安想要挑战 IBM 的想法没错，问题在于他走错了一步棋。要想挑战 IBM 的霸权，需要在个人电脑 PC

机的战场上展开角逐。当初,IBM 的 PC 机羽翼尚不丰满,按说王安凭着他的"VS"系列电脑,击败"蓝色巨人"并不是完全没有可能。后来康柏公司的成功也用事实证明了,IBM 的 PC 机市场是有空子可钻的。

也就是说,这个战略计划的方向是对的。但是在制定战略时,王安博士犯了一个致命的错误:在他看来,IBM 虽然庞大,但思想保守、发展缓慢,自己独立发展一种高价位并且不与其兼容的机器,正是战而胜之、取而代之的有效策略。然而王安没有考虑到的是,当初 IBM 为了争夺 PC市场,曾经公开 PC 兼容机的设计并鼓励同行仿造。于是,全世界的电子厂家一拥而上,争着与 IBM 分一杯羹,康柏就是其中最成功的一家。虽然 IBM 养虎为患,再也无法控制 PC 机市场,但在 IBM 和众多兼容机厂商的追捧下,PC 机和软件兼容性已成大势所趋,几乎不可逆转了。因此,当个人电脑市场呈现出一片如火如荼的繁荣景象时,王安的机器却因不兼容而被排斥于各种网络之外,使他和公司欲哭无泪。这难道不是"一着不慎,满盘皆输"的活生生的例子吗?

走错的这一步棋,让曾经白手起家的王安再也不能力挽狂澜,他痛苦地离开了人世。两年之后,即在 1992 年,他的公司正式向美国法院申请破产保护。就这样,王安和他的公司淡出了人们的视野。

一直笑傲美国商界的亨利·福特有一句名言:**"做好准备,是成功的首要秘诀。"**是的,王安虽然已经成功了,但在进一步做出决策之前没有考虑周全,没有做好准备,照样会走向失败。

三国时期的诸葛亮有一句名言说得好:**"欲思其利,必虑其害;欲思其成,必虑其败。"**保持一颗谨慎的心,做好充分的准备,对于任何行动来说都是必需的。只有大弓拉满月,最后才能射出势大力沉之箭。准备充分才能获得成功。

在这个快速多变的社会中,时机稍纵即逝。有时候考虑太多,往往会错失良机。正如美国前国务卿鲍威尔曾经讲过的:在做决策的时候,需要在掌握 40% 至 70% 的信息的时候做出你的决策。信息过少,风险太大,

不好决策；信息充分了，你的对手已经行动了，你就出局了。

　　但是，保持谨慎的态度与把握时机并不矛盾。保持谨慎的态度是要求我们不要盲目地出击，要考虑周全。把握时机是要求我们做一个有准备的人，随时抓住机遇。这两者是统一的。做事情要学会把握时机，同时在决策的时候还要多思考。这样的人方能到达成功的彼岸，立于不败之地。

　　心灵悄悄话

　　　如果从解决问题的角度看决策，除非别人接受了你的决策，否则你的决策就是无效的，它只不过仍然是一个良好的意愿而已。为了使决策发挥效力，应该从决策过程一开始，就考虑好如何使决策最后被接受。

降低失败的几率

第一次就把事情做对

从前,有个人养了许多只羊。一天早晨,他发现少了一只羊,仔细一查,原来羊圈破了个大窟窿,夜里狼钻进来,把羊叼走了。邻居劝他说:"赶快把羊圈修一修,堵上窟窿吧!"那个人不肯接受劝告,回答说:"羊已经丢了,还修羊圈干什么?"第二天早上,他发现羊又少了一只。原来,狼又从窟窿中钻进来叼走了一只羊。他很后悔自己没有听从邻居的劝告,于是赶快堵上窟窿,修好了羊圈。从此,狼再也不能钻进羊圈叼羊了。

这就是"亡羊补牢"的故事。它告诉人们:**出了差错,只要设法补救,还是可以防止损失扩大,一切都来得及。然而,在职场上"亡羊补牢"并不适用,存在这种侥幸心理的人,注定是要失败的。**

如果你去问一个人:"你会看说明书吗?"我相信每个人都会点头。如果你再问一个人,这里有一只螺丝钉,还有一张关于如何将螺丝钉拧上去的说明书,你认为这个人会把螺丝拧好吗?很多人会说:"肯定会啊。"可是,在大多数情况下,80%的人不会把那颗螺丝拧好!因为他们并没有仔细看说明书。他们会在失败第二次、第三次的时候,才会想到去看说明书。

这是为什么呢？

因为我们已经太久地沉迷于习惯性思考，我们总是习惯于"怠慢""看着办""模棱两可"和"差不多"，我们从没有想到工作就是去做"对"的事情，就是做符合要求的事。很多人抱着"做不好，再补救"这种"亡羊补牢"的侥幸心理。其实，我们要把事情做对，而且要第一次就把事情做对。这是成功之道。

第一次就把事情做对，可以付出更少的代价，节省人力、物力、财力，为自己节省更多的资源；第一次就把事情做对，可以付出更少的时间，为自己赢得更多的时间；第一次就把事情做对，可以取得更好的效果，提高自己办事的效率；第一次就把事情做对，可以得到做事情之外的回报，如满足感、信任、口碑等。

总之，第一次就把事情做对，可以让自己永远处于领先的地位，并逐步走向成功。想在职场上立足，我们必须以"第一次就把事情做对"的心态对待工作，千万不能有"亡羊补牢"的侥幸心理。

有这么一个故事。

一只狼卧在草上勤奋地磨牙，狐狸看到了，就对它说："天气这么好，大家在娱乐，你也加入我们当中吧！"狼没有说话，继续把它的牙齿磨得又尖又利。狐狸奇怪地问道："森林这么安全，猎人和猎狗已经回家了，老虎也不在近处徘徊，你何必那么用劲磨牙呢？"狼停下来回答说："正是因为现在安全我才磨牙。如果有一天我被猎人或老虎追逐，想磨牙也来不及了。"

狼之所以能在残酷的竞争中生存下去，是因为总是未雨绸缪、居安思危，因此每次都能化险为夷。试想，如果狼没有勤奋地磨牙，也像狐狸那样整日里悠游玩耍，那么当有一天它被老虎追赶的时候，就没有机会自卫了。所以请不要抱着"亡羊补牢"的侥幸心理，而是要第一次就把事情做对。

学会做周密的计划，降低失败的概率

行动总会有失败的风险。任何人都不能保证每次行动都能成功，但是有些人却能让大部分的行动都成功。因为他们用周密的计划化解了行动中存在的风险。马克·吐温说过："行动的秘诀，是在于把那些庞杂或棘手的任务，分割成一个个简单的小任务，然后从第一个开始下手。"周密的计划能让人俯瞰到目标的全貌，更清晰地把握行动的每个细节。出现突发状况时，也能及时地处理，这样极大地降低了风险。

有人认为，今天的一切都变得太复杂了，没有一个人能细致地解决工作中所有的问题。他们觉得对付工作的最好办法就是埋头苦干，因此，他们很少花时间去总结过去的成败和得失，更不会去制订周密的计划。

其实，下过象棋的人都知道，没有一个赢家是走一步算一步的，所有的赢家都能算计到后面将要走的十几步。工作也是一样，优秀的员工都会对将要发生的两三件事进行安排，制订好个人的工作计划，正所谓"未雨绸缪"。

不管做什么事情，制订一个详细的计划都是非常重要的，它可以帮你把工作的细节不断地量化。过去，人们的观念是："别老坐在这里了，赶快去干活吧！"而现在人们更提倡："别忙着干活，先坐下来想一想。"这样才能化解行动中存在的风险。

用周密的计划化解行动的风险，成功人士都是如此做事的。

毛泽东的军事才能无人不服。解放战争时期，在他的指挥下，解放军几乎是每战必胜，他是一个实实在在的常胜统帅。打仗，胜败乃兵家常事，为什么毛泽东能屡屡得胜呢？因为他一直十分强调战争计划的重要性。他曾说："'凡事预则立，不预则废'，没有事先的计划和准备，就不能

获得战争的胜利。"他认为，轻视战争计划而乱干一场的想法和做法，必定要受到战争实践的惩罚。用周密的计划来化解行动的风险，毛泽东深谙此道。

为了获得战争的胜利，毛泽东常采取"一役多案，一役多法"的方针。比如，在1948年8月指导华东野战军制订攻济（南）打援作战方案时，他就提出了3个应对方案：第一个方案将重点放在打援上；第二个方案将重点放在攻济上；第三个方案的重点则是攻济、打援同时进行。他还对可能的结果作了3种估计：一是打一个极大的歼灭战，也就是说，既攻克济南，又歼灭大部分援敌；二是打一个大的但不是极大的歼灭战，即攻克济南，同时歼灭一部分但不是大部分的援敌；三是济南既未攻克，援敌亦不好打，形成僵局，只好另寻战机。正是这种"一役多案，一役多法"的周密计划，保证了解放军指战员在作战中能够随时根据敌情的变化而调整自己的部署，从而化解了行动的风险。

有人说，不打无准备之战。其实，这"准备"就是周密的计划。正是因为毛泽东一直深谋远虑，把行动的方方面面考虑得特别周详，所以才获得一次又一次的成功。在职场上，我们也应该在行动前做好计划。

吉姆·罗恩这样说过：**"不要轻易开始一个行动。除非你在头脑里已经将它们一一落实。"**成功的人做事总是胸有成竹，因为他们已经把握了行动的细节，是周密的计划让他们信心十足。

20世纪70年代，香港房地产竞争激烈，房地产商都需要巨额资金运转。而霍英东在进行房地产生意时，却大胆地首开"预售楼宇"的办法并取得成功。预售楼宇是房地产商在地未购、房未建的时候，预先把将要建筑的楼宇分层出售，再用预售收来的资金建筑楼宇。而购房者只需要先付一小笔订金，待到楼宇建成时，再办理手续。

未建先卖，这是非常冒险的，但霍英东却获得了巨大的成功。因为之前他对此做了全面的考虑，凭着自己多年在香港打拼的经验，他看准了香港人都有安家的心理，所以认定香港房地产业势必大有发展。而这种预售楼宇的方式，对于购房者而言，只要先付 10% 的现金，就可购得即将破土动工兴建的可供自住或出租的楼宇。也就是说，买一幢 10 万港元的楼宇，只需准备 1 万港元就可以买到购房权利，以后可再分期付款，一步步实现自己的购房梦。

霍英东经过充分考虑、周密计划之后，才执行他的行动，果然取得巨大的成功，而他的这种经营模式也被其他房地产商所效仿。

只有进行周密计划，你才能在碰到各种各样的细节问题时不慌不乱；只有进行周密计划，你才能明确自己该做什么工作，应该怎样去做。唯有周密的计划才能化解行动的风险。

心灵悄悄话

一个卓有成效的决策者，总是首先从最高层次的观念方面去寻求问题的解决办法。问题找对了，即使解决方法上有所失误，这种失误也可以得到纠正或挽救；但是如果问题找错了，即使解决方案是对的，这个问题也得不到解决。

做好决策的细节

"海尔"集团总裁张瑞敏说过："**把简单的事做好，就是不简单。**"伟大来自平凡，一个企业员工每天需要做的事就是重复着平凡的小事。不管一个人有多么宏伟、英明的计划，如果没有严格、认真的执行细节，也难以成为现实。**"泰山不拒细壤，故能成其高；江海不择细流，故能致其深。"**所以，细节决定成败。可以毫不夸张地说，现在的市场竞争，已经进入到"细节制胜"的时代。

成功是细节之子。世界知名的轮胎厂商费尔斯通公司的创始人哈维·费尔斯通说："把握住行动细节的人，往往会激发出巨大的创造潜能，从而取得成功。"

瑞利是英国著名的科学家。他年轻的时候发现，母亲每次端茶时，一开始，茶碗在碟子里很容易滑动，可等到洒一点热茶在碟子里后，茶碗却像粘在碟子上一样，一动不动了。

这一现象引起了他强烈的好奇心。于是，他不断地进行实验、记录、分析，最终对茶碗和碟子间的滑动做出了这样的结论：茶碗和碟子看上去光洁、干净，实际上表面总留有油腻，油腻使茶碗和碟子之间的摩擦系数变小，茶碗就容易滑动。当洒了热茶后，油腻被溶解，碗碟也就变得不容易滑动了。在此基础上，他又指出：油对固体之间摩擦力的大小有很大影响，利用油的润滑作用，可以减小摩擦力。后来人们就根据瑞利的发现，把润滑油广泛应用到生产和生活中。

茶碗在碟子里滑，是人们司空见惯的现象，可瑞利却没有忽视这一个小细节。透过事物的表象，瑞利努力探索其本质，最终发现了润滑油的作用。而在日后的科学探索中，瑞利也总是要求自己凡事多想想，不肯忽视任何现象，因此他在科学的世界里越走越远。最终，瑞利因为发现氩气而荣获 1904 年的诺贝尔物理学奖。

这种不忽视小节，从中发现契机的能力就是细节能力。牛顿从苹果落地发现万有引力；雷内克从孩子们的游戏中得到启发，发明听诊器；瓦特看到茶壶盖被水蒸气的力量顶起，于是发明了蒸汽机……所有这些人，他们都是在细节中激发出创造的潜能，最后取得成功。

在工作中还要把握细节，尽自己所能，把事情做到极致、完美。

1919 年，希尔顿只身到得克萨斯州买下了他的第一家旅馆。凭借着精准的眼光与良好的管理，他很快就将仅有的 5000 美元资本扩增到 5100 万美元。面对沾沾自喜的希尔顿，母亲意味深长地说："你要想长期发展，除了对顾客诚实之外，还要想出一种简单、不花本钱而行之可久的办法去吸引顾客，这样你的旅馆才有前途！"母亲的话让希尔顿猛然醒悟，于是，他每天都到商店和旅店里参观，以顾客的身份来感受一切，终于，他得到了一个答案——微笑服务。

到 1976 年，希尔顿旅馆凭着微笑的影响，从 1 家扩展到 70 家，成为全球最大规模的旅馆。一个简单的微笑竟有如此大的力量，这就是细节的魅力所在。

惠普公司创始人戴维·帕卡德说："**小事成就大事，细节成就完美。**"学会发现那些细节，你可以把自己的工作做得更好，致力于不断完善自我的人，自然会不断改进细节，臻于完美。

在职场上，想做大事的人很多，但愿意把小事做好的人很少；具有雄韬伟略的战略家很多，但具有精益求精风格的执行者很少。想脱颖而出，我们必须改变心浮气躁、浅尝辄止的毛病，深化行动的每个细节，精确地

执行。

我们不仅要学会发现行动中的细节，我们还要学会不断完善工作的细节，让自己臻于完美。不仅如此，我们还要学会从细节中寻找良机。很多时候，人与人在智力和体力上的差异并不是我们想象中的那么大。只是很多时候，我们对于细节视若无睹罢了。趁你还有一颗敏感的心，留心去发现细节中蕴含的良机。事实上，很多发明成果的起因，看起来都是一些微不足道的小事。但是那些伟大的成功人士，他们懂得从细节着手，找到成大事的机会。

从细节中找到创新的机会，这是许多人成功的秘密。在激烈的市场竞争中，在这个讲求精细化的时代，行动细节决定成败。

心灵悄悄话

在采取正确的行动之前，决策还不能算已经完成。如果没有把执行决策的任务和责任分配下去，并且为实施决策规定一个最后期限，制定决策只是一句空谈，决策也只能算是一种希望。在把执行决策的具体步骤转换成某些人的任务和责任之前，决策根本还没有完成，这时，决策只不过是一纸空文。

行动是决策的保证

编制行动守则，做事井井有条

俗话说："**事先想得清，做事不折腾。**"确实很有道理。在行动之前就做好计划，编制出行动守则，在行动过程中才能有章可循。

美国几个心理学家曾做过这样一个实验：

把学生分成三组，进行不同方式的投篮技巧训练。第一组学生在20天内每天练习实际投篮，把第一天和最后一天的成绩记录下来。第二组学生也记录下第一天和最后一天的成绩，但在此期间，不做任何练习。第三组学生记录下第一天的成绩，然后每天花20分钟做想象中的投篮；如果投篮不中时，他们便在想象中做出相应的纠正。实验结果表明：第二组没有丝毫长进；第一组进球增加了24%；第三组进球增加了26%。由此，他们得出结论：行动前进行头脑热身，构想要做之事的每个细节，然后把它深深铭刻在脑海中，当行动的时候，你就会得心应手。

这个实验告诉我们事前计划的重要性。行动前作好计划、编制行动守则就是最好的准备。

编制行动守则，有助于减少行动中的细节烦扰，能够有效地提高工作

效率,这在许多大型公司中被广泛应用。

麦当劳是全球餐饮业最有价值的品牌之一,其连锁店遍布全世界六大洲的百余个国家,已经成为美国文化的象征。多少年过去了,麦当劳打败了餐饮业的无数对手,长期占据霸主地位。很重要的原因在于,它懂得事前计划对工作的重要性。

麦当劳从上至下都是非常注意细节的。而事前做好计划,编制行动守则,是保证细节得到完美执行的有效保障。麦当劳深谙此道,所以它绞尽脑汁编写了《麦当劳手册》。正是这本书让他们把细节管理做到极致,让员工做起事来井井有条,忙而不乱。

《麦当劳手册》是麦当劳员工的工作守则。每个员工的日常工作,都必须符合《麦当劳手册》的规定。它包含了麦当劳所有服务项目的每个过程和细节,例如,"一定要转动而不要翻动汉堡包",或者"如果'巨无霸'做好后10分钟内没有人买,法国薯条做好7分钟后没人买,就一定要扔掉""收款员一定要与顾客保持眼神的交流并保持微笑"等,甚至详细规定了卖饮料的时候,应该怎样拿杯子、开关机器、装饮料直到卖出的所有程序和步骤,麦当劳现在还在不断地改进和增加这本书的内容。

现在,麦当劳的每一家连锁店都要严格按照这本书操作。正是这本书的推行,使麦当劳的所有员工都能够各司其职、有章可循地工作,即使是新手,也能借助这本书迅速学习和操作。这本书保证任何人都能在短时间内驾轻就熟地操作,实现了"谁都会做、谁都能做"。所以,有位麦当劳管理人员曾说:"只要不是傻子,就能胜任麦当劳的员工。因为有了工作守则,一切都是按部就班,根本无法出现差错。"

英雄所见略同。史玉柱也曾说:"**做连锁经营业务,一定要做一套'傻瓜'版的营销手册与管理手册,只有这样,才能实现远距离的管理。**"不管是史玉柱的管理手册,还是《麦当劳手册》,实质上都是一种行动守则。当在工作中出现具体的细节问题,只要参照手册,就可以找到对应的解决办法,这样能大大提高员工的工作效率。

行动之前编制行动守则,在行动中能排除细节烦扰,提高了工作效率。乍看之下,似乎编制行动守则浪费许多时间,似乎有些不值,实质上并非如此。

阿德和阿财相约一起去砍柴。当晚,阿德早早睡下,为的是明天早起多砍柴,阿财则抓紧时间磨刀。第二天,阿德先到,阿财后到。阿德一直努力砍柴,但他却要不时地停下来用随身携带的磨刀石磨刀。一天过去,阿德只砍了6捆柴,而阿财却砍了9捆柴。阿德百思不得其解,想不通为什么自己这么努力,还没有阿财砍得多。他忍不住问道:"我一直很努力,连休息的时间也没有,为什么你砍的比我多呢?"阿财笑道:"砍柴除了技术和力气,更重要的是我们手里的刀。昨天晚上我已经磨好了刀,刀口锋利,砍的柴当然比较多;而你临阵磨刀,虽然费的力气比我多,但刀口很钝,砍的柴自然就少啊!"

工欲善其事,必先利其器。这就是"磨刀不误砍柴工"的道理。无独有偶,美国行为科学家布利斯经过大量的研究观察,也得出了一个结论:"用较多的时间为一次工作事前计划,做这项工作所用的总时间就会减少。"

凡事有计划、有预案、有策划意识,编制了充分的行为守则,当细节烦扰时,你做事才能有章可循,提高工作效率。

鼓起行动的勇气,就没有困难能吓住你

英国前首相温斯顿·丘吉尔说:"勇气是人类最重要的一种特质,倘若有了勇气,人类其他的特质自然也就具备了。"勇气是成功的必备素

质。有勇气的人，披荆斩棘，勇往直前；没有勇气的人，畏畏缩缩，止步不前。行动的勇气是一切成功的前提。

　　勇气就是敢于行动。成功的人和失败的人，最大的区别不在于智力的强弱、能力的大小，而在于是否相信自己，是否敢于对自己的判断采取果断的行动。

　　亚历山大就是一个十分有勇气的统帅。有一次，他进军亚细亚。当地有一个预言，说的是谁能够将朱庇特神庙的一串复杂的绳结打开，谁就能够成为亚细亚的帝王。在亚历山大到来之前，这个绳结已经难倒了各个国家的智者和国王。亚历山大仔细观察着这个结——果然是天衣无缝，找不着任何绳头，根本无法解开。

　　这时，他灵光一闪："为什么不用自己的方法来打开这个绳结呢？"于是他拔剑一挥，绳结被一劈两半，这个保留了百年的难题被轻易地解决了。

　　亚历山大大帝勇于行动，不墨守成规，显示了非常的智慧和勇气，注定了成就帝王的伟业。大胆者横行天下，小心者寸步难行。大凡有所成就的人，莫不是富有勇气的人。

　　西班牙作家塞万提斯说：**"有了勇气，便能粉碎厄运。"有勇气的人，能够粉碎成功路上的所有绊脚石，扫除一切障碍，勇往直前，所向披靡。**

　　勇气就是遭遇困难不会低头，面临挑战主动出击。

　　卡罗·道格拉原本是一家银行的经理，后来跳槽去杜兰特公司上班，就是后来的通用汽车公司。他在工作一段时间后，写信给老总："我是否可以在更重要的职位上从事更重要的工作？"杜兰特仔细看过他的履历后做了批示："现在任命你负责监督新厂机器的安装，但不保证升迁或加薪。"道格拉接受了。但是他的手里只有杜兰特给的一张图纸，而他并没有受过这方面的任何训练。面对完全陌生的工作，又要在短时间内完成任务,确实是很不容易的。

但是,道格拉丝毫没有退却,他调整好自己的心态,认真钻研图纸,再找到相关的人员,一起做了缜密的分析和研究,很快就搞清了工作的要点,提前一周时间完成了杜兰特交给的任务。因此,他被杜兰特提拔为公司的总经理,是公司晋升最快的人。

勇气是遇到困难毫不畏缩的胆识,是面临挑战主动出击的气魄,更是不被任何事物打垮的精神气概。拥有勇气,你将立于不败之地。朋友,鼓起行动的勇气,就没有困难能吓住你。

心灵悄悄话

> 即使是有效的管理者也可能做出不正确的决策。毕竟每一个决策都有风险,因为它将现有的资源托付给不确定的、未知的将来。因此,决策做出后,还需要经过实践的检验。一个重要决策的结果注注要在未来才能显示出来,而且经常是在多年以后。

决策的最好时机

有人抱怨"英雄无用武之地"，没遇到"明君"，感叹"千里马常有，而伯乐却不常有"；也有人抱怨"时运不济，命途多舛"，没有机会。抱怨者总是把失败的原因归到公司和老板身上，从不在自己身上找原因。

一味地怨天尤人，牢骚满腹，只会让成功离自己越来越远。一个人的价值是以其行动来确定的。成功是要靠实干来获得的，只有行动才能改变现状，抱怨解决不了任何问题。

一座寺院里有个特别的规矩：每到年底，寺里的和尚都要对住持说两个心里最想说的字。第一年年底，住持问新和尚最想说什么，答曰："床硬。"第二年年底，住持又问他最想说什么，答曰："食劣。"而第三年的时候，他竟然没有等住持问话就说出了"告辞"二字。住持望着他的背影说："心中有魔，难成正果。"

住持所说的"魔"，就是新来的和尚心里无休无止的抱怨。像这样的人，在现实生活中有很多。他们总是怨气冲天，牢骚满腹。他们从来感觉不到社会和别人为自己的生活所做的贡献。这种心里只有牢骚的人，不会有成就。

一个人的态度决定他的选择，而选择决定他的人生。因此永远不要带着抱怨的情绪去面对生活，即使生活给予你的是艰难困苦。改变人生的态度，你就一样可以将困难踩在脚下。

只问耕耘，不问收获，这是许多成功人士的座右铭。因为他们都明白:耕耘总会有收获。在不断的付出中,自己的素质会得到提高,一旦机会出现,就可以获得成功。

职场上,每个人多多少少都会有些不顺心的事。面对烦心事,很多人会怨天尤人,一些人索性听之任之,却鲜有人意识到:其实烦心事当中可能就潜藏着机会。

在家电行业,海尔一直霸占着龙头的地位。它不仅资金雄厚,更具有创新精神,并且善于把握机会。刚开始,冷柜一直是个用来冷冻食品的"大箱子",后来海尔却开创性地发明了双层冷柜。这一切都源于一个经销商的抱怨。

事情是这样的:一位叫迈克的美国经销商到海尔总部来开会,和海尔的工程师聊天时,他抱怨自己的肚子太大,每次去冷柜里拿东西都非常费力气,而且如果要想拿出底层的东西,必须要把上面的东西全部拿开,十分麻烦。他随口嘀咕了一句:"如果冷柜能做成双层的就好了。"虽然是一句牢骚,但海尔的工程师却放在心上了,他们觉得这是一个很好的点子。后来他们研发出了双层冷柜,上下可随意调节冷藏和冷冻功能。这个产品深受消费者喜爱。

上帝关上一扇门的同时,必定会给你打开一扇窗户。命运对每个人来说都是平等的,机会对每个人来说也是均等的,关键是你能否抓住机会。 当你被老板、同事、顾客责怪时,不要抱怨,而要审视一下自身,进一步完善自己。冷静地看待他人的责怪,而不是不满地抱怨,在这样的过程中,你往往会发现机会。

著名的培训师林伟贤,出身贫困家庭而最终取得事业成功。他在一次演讲中说:"机会任何时候都存在,关键在于你自己是否能够打开通向机会的窗户。"打开通向机会的窗户,前提是不要抱怨,行动起来。

有谁会想到为一杯珍珠奶茶加上盖子呢? 可的确就有人因为尝到了

盖子盖不严而翻倒的苦头，发明了专门制造塑料膜盖的机器。仅这么一项小小的改进，就让那个当初吃了苦头的人进账 3000 万元。所以，当你遇到问题时，不要一味地抱怨，而应采取行动去改变它。

成功永远属于行动者。别人抱怨时，机会划过他却只会视若无睹；而及时行动，恰恰能抓住这个机遇。所以，别人抱怨时，是你行动的最好时机。

心灵悄悄话

决策者喜欢什么样的方式作决策，直接关系到决策的科学与正确。在实践中，有人喜欢凭直觉决策问题，有人则惯于用理性思维决策问题。由于决策更多靠的是对多样性、多类型问题的综合来做出，理性思维就显得特别的重要。

细心才有发现

人生漫漫,机遇常有,但决定我们命运的不是我们的机遇,而是我们对机遇的看法。机遇悄然而降,稍纵即逝。因此,你若稍不留心,她就将翩然而去,不管你怎样地扼腕叹息,她却从此杳无音讯,一去不复返。因此,有些人认为,一些人之所以不能成功,并不是因为没有机遇,并不是幸运之神从不眷顾他们,而是因为他们太大意了,他们的大意使他们的眼睛混浊而呆板,因而机遇一次次地从他们眼前溜走而自己却浑然不觉。因此,对于这些人来说,他们要想取得成功,要想捕捉到成功的机遇就必须擦亮自己的双眼,使自己的双眼不要蒙上任何的灰尘。这样,他们才能够在机遇到来的时候伸出自己的双手,从而捕捉到成功的机遇。而那些之所以能够取得成功的人并不是幸运之神偏爱他们,幸运之神对谁都一视同仁,幸运之神不会偏爱任何一个人。

成功的人之所以能每每抓住成功的机遇,完全是由于他们在生活中处处都很留心,他们具有一双捕捉机遇的慧眼,当机遇来临的时候,他们就能迅速作出反应,从而把机遇牢牢地抓在自己的手中。

捕捉机遇一定要处处留心,独具慧眼。其实只要你仔细留心身边的每一件小事,这每一件小事当中都可能蕴藏着相当的机会,成功的人绝不会放过每一件小事。他们对什么事情都极其敏感,能够从许多平凡的生活事件中发现很多成功的机遇。

有一次,日本索尼公司名誉董事长井琛大到理发店去理发,他一边理发一边看电视,但由于他躺在理发椅上,所以他看到的电视图像只能是反

的。就在这时，他突然灵机一动。心想："如果能制造出反画面的电视机，那么即使躺着也能从镜子里看到正常画面的电视节目。"有了这些想法，他回到索尼公司之后就组织力量研制和生产了反画面的电视机，并把自己研制出来的电视机投放到市场上去销售。果然这种电视机受到了理发店、医院等许多特殊用户的普遍欢迎，因而取得了成功。

这则事例给我们的启示就是：**功夫不负有心人，只要你能够处处留心，那么就有很多的机会在向你招手。**

美国第四大家禽公司——珀杜饲养集团公司董事长弗兰克·珀杜，讲述了他成功的经历和童年的一段故事：

珀杜10岁时，父亲给了他50只自己挑选剩下的劣质仔鸡，要他喂养并自负盈亏。在小珀杜的精心照料下，这些蹩脚的鸡日渐改观、茁壮成长。不久，产蛋量竟超过了父亲的优质鸡种，每日卖蛋纯收入可得15美元左右，这在大萧条时期可是一笔大钱。开始时，父亲不相信，当他亲眼看见小珀杜把鸡蛋拿出去时才开始相信他。后来珀杜开始帮助父亲管理部分鸡场，事实再一次证明他的管理和销售能力。他管理的几个鸡场的效益超过了父亲。1984年，父亲终于将他的整个家禽饲养场全部交给了珀杜管理。

珀杜之所以能比父亲经营管理得好，是因为他能注意到一些很细心的环节。因为他对事物的仔细观察，使他发现了隐藏在细小事物中的机遇，从而见微知著。

10岁的时候，珀杜对鸡的生活习性一点也不了解，但是他认真观察后发现，当一只鸡笼里的鸡少了时，小鸡吃得就多，成长得就快，但是太少了又会浪费鸡笼和饲料。于是他就慢慢地寻找最佳结合点，最后总结出每只笼子里养40只小鸡是最合理的。注意事物的每一个细节，从中可以发现使人成功的机遇，从而对总体的把握更加准确。抓住了微妙之处，也就把握了荦荦大端。

处处留心皆机遇,要做生活当中的有心人是因为机会往往来得都很突然或者很偶然。因此,只有留心、用心的人才有可能在机会来临的一瞬间捕捉到它。比如说世界上第一个防火警铃就是在实验室的一次实验中偶然发明的。第一个防火警铃的发明者杜妥·波尔索当时正在试验一个控制静电的电子仪器,忽然他注意到他身边的一个技师所抽的香烟把仪器的仪表弄坏了。开始时,杜妥·波尔索的第一反应是非常懊恼,因为仪表坏了必须中止实验,重新再装上一个仪表。但他很快地就想到,仪表对香烟的反应可能是一个非常有价值的资讯。这个只是一瞬间发生的看似很不起眼的偶然事件,就促使杜妥·波尔索发明了第一个防火报警警铃,在防火领域作出了突破性的贡献。

不仅仅像防火报警警铃的发明来自生活中很突然的偶发事件,其实,世界上有很多的发明创造都是来自这种生活中突发的偶然事件。被称为"杂交水稻之父"的我国农业科学家袁隆平发明杂交水稻也是如此。袁隆平有一次在稻田里,无意之中突然发现了一株自然杂交的水稻。由此,他想到目前我们人类所认定的水稻不能杂交的结论可能是个错误的结论。于是,通过艰苦的科学研究,他攻克了一个又一个难关,终于成功地培育出了杂交水稻,从而一举成了足以改变人类命运的世界级的科学家。

面对许许多多这样成功的事例,你也许会说,我整天都坐在果园里,苹果树上的苹果把我的头都砸烂了,为什么我就没有像牛顿一样发明出一个什么定律?可能你还会说,我一年四季都不停地在稻田里转悠,我的脑子都快要被水稻装满了,我自己也快要变成水稻了,可我怎么就没有发现一株自然杂交的水稻?

有一句谚语说:**"有恒为成功之本。"这句话一语点破了勤奋出机遇的道理。机遇的出现是同个人的打拼紧密联系在一起的。**

每个人心里都清楚,机遇并不是一朵开在花园里的鲜花,你伸手就能将它采摘,它是一朵开在冰天雪地、悬崖峭壁上的雪莲,只有那些不畏艰险、勇于攀登高峰的人才能闻到它的芳香,才能将它拥有。

拿著名漫画家方成来说,每个人都知道他以画漫画为业,但很少有人

知道他曾经是一位从事化学研究的工作人员。方成在漫画上取得如此高的成就,完全是凭借个人的奋斗精神。多年以来,方成一直在报社当编辑,专门为文章配漫画,常常是夜里定下题目,然后仔细构思,反复揣摩,第二天就要交稿见报。然而并不是每次工作都能顺利完成,有时画稿交上去以后,回家后又想出新的主意,于是又重新画一幅;有时费尽心思也想不出好的点子,他就把头放在水龙头下冲一冲,继续思索,直到画出一幅自己满意的漫画为止。

几十年如一日,方成凭借自己的勤奋努力,抓住了一个几乎不存在的机遇——作为一个漫画家享誉中外。由此可见,如果方成缺乏一种奋斗精神,那么他不可能碰到这种得之不易的机遇;如果对一开始的退稿感到心灰意冷,那么他不可能最终成为知名的漫画家。

方成的成功,向我们说明了任何机遇都不是偶然的,而是"得之在俄顷,积之在平日"。只有平时的刻苦勤奋,只有敢于在荆棘丛生、充满危险的无路之处走出一条平坦的大道,才能创造出原本不属于自己的机遇。"天赐良机",只是对那些平日潜心奋斗者的回报。

在人的一生中,总会碰到各式各样的偶然性的机会,但是,假如没有平时对知识的积累、辛勤持久的思索,那么,机会即使降临了,也无从知晓,知晓了也不会捕捉利用,所以,人不能把希望寄托在偶然性的机会上。

心灵悄悄话

有一个人对决策方案提出了新建议,可实际上,再讨论也没有人跳出原来那个方案的框架。因为,人们习惯于墨守成规,注注从一开始就已经定型了,完善方案也只是"换汤不换药"。

有希望就不要放弃

绝不放弃万分之一的可能,终归有收获;轻易放弃一分希望,得到的将是失败。

这是一个崇尚开拓创新的时代,人人都渴望能证实自我。正因为如此,我们更应该勇敢地面对失败。失败并不可怕,由于恐惧失败而畏缩不前才是真正可怕的。

要战胜失败,就不要放弃尝试各种的可能性。

以精益求精的态度,不放弃尝试种种的可能,终会有成果的。

有个年轻人去微软公司应聘,而该公司并没有刊登过招聘广告。见总经理疑惑不解,年轻人用不太娴熟的英语解释说自己是碰巧路过这里,就贸然进来了。

总经理感觉很新鲜,破例让他一试。面试的结果出人意料,年轻人表现糟糕。他对总经理的解释是事先没有准备,总经理以为他不过是找个托词下台阶,就随口应道:"等你准备好了再来试吧。"

一周后,年轻人再次走进微软公司的大门,这次他依然没有成功。

但比起第一次,他的表现要好得多。而总经理给他的回答仍然同上次一样:"等你准备好了再来试。"就这样,这个青年先后 5 次踏进微软公司的大门,最终被公司录用,成为公司的重点培养对象。

也许,我们的人生旅途上沼泽遍布,荆棘丛生;也许,我们追求的风景总是山重水复,不见柳暗花明;也许,我们前行的步履总是沉重、蹒跚;也

许,我们需要在黑暗中摸索很长时间,才能找寻到光明;也许,我们虔诚的信念会被世俗的尘雾缠绕,而不能自由翱翔;也许,我们高贵的灵魂暂时在现实中找不到寄放的净土……那么,我们为什么不可以以勇敢者的气魄,坚定而自信地对自己说一声"再试一次!"永不放弃万分之一的可能性。

1832 年,有一个年轻人失业了。而他却下决心要当政治家,当州议员,糟糕的是他竞选失败了。在一年里遭受两次打击,这对他来说无疑是痛苦的。他又着手办自己的企业,可一年不到,这家企业就倒闭了。在以后的 17 年里,他不得不为偿还债务而到处奔波、历尽磨难。

此间,他再一次决定竞选州议员,这次他终于成功了。他认为自己的生活可能有了转机,可就在离结婚还差几个月的时候,未婚妻不幸去世。他心力交瘁卧床不起,患上了严重的神经衰弱症。

1838 年,他觉得身体稍稍好转时,又决定竞选州议会长,可他失败了;1843 年,他又参加竞选美国国会议员,但这次仍然没有成功……

试想一下,如果是你处在这种情况下会不会放弃努力呢?他一次次地尝试,一次次地失败,企业倒闭,恋人去世,竞选败北,要是你碰到这一切,你会不会放弃你的梦想?他没有放弃,也始终没有说过:要是失败会怎样?1846 年,他又一次参加竞选国会议员,终于当选了。

在以后的日子里,他仍在失败中奋起,一次又一次地努力,最后,1860 年,他当选为美国总统,他就是亚伯拉罕·林肯。

林肯一直没有放弃自己的追求,一直在做自己生活的主宰,他用永不言败的精神迎来了成功。他以自己的经历告诉我们:成功不是运气和才能的问题,关键在于适当的准备和不屈不挠的决心。面对困难,不要退却,不要逃避。林肯压根就没有想过要放弃努力。他不愿放弃,也从不言败。

很多时候,所谓的困难只是一只"纸老虎",它横在路上阻碍你前行,如果你被吓住了，那么你永远也遇不到它后面的成功。人们经常在做了90%的努力后，放弃了最后可以让他们成功的10%的努力。这不仅使他们输掉了全部的投资，更丧失了最后发现宝藏的喜悦。

告诉你一个保证失败的规律：**每当你遭受挫折时便放弃努力。再告诉你一个保证成功的诀窍：每当你失败时，再去尝试，成功也许就在你的一点点努力之后。**

在向成功之巅攀登的途中，我们必须记住：梯子上的每一级横级放在那儿是让搁脚的，是让我们向更高处前进的，而不是用来让你休息的。我们常常又累又乏，但举重冠军詹姆士·J.柯伯特常说："**再奋斗一回，你就成了冠军。事情越来越艰难，但你仍需再努把力。**"威廉·詹姆士指出，我们不仅要重整旗鼓，而且还要做第三次、第四次、第五次、第六次甚至是第七次的努力，在每个人体内都有巨大的储备力量，除非你明白并坚持开发使用，否则它是毫无意义的。因此，我们在工作和生活中碰到困难，绝不应轻言放弃。

赌徒有一句名言："**不怕输得苦，就怕断了赌。**"意思很简单，输了不要紧，只要继续赌就可能赢回来。**可能因为这个原因，于是有了"久赌无输赢"的赌谚。**

我们是反对赌博的，但是这句赌博的谚语在人的生活中还是很有用的。一个人，只要心中充满了希望，就会不断地前进，最后实现自己的人生理想。如果没有理想，就像没有赌资的赌徒一样，就输到底了。

希望获得成功，必须坚持下去，平时做好准备，一是可以应付不时之需，二是为机会的到来做好准备。

两个人横穿大沙漠，一段时间以后，他们的水喝光了。烈日当空，酷热难当，其中一个人中暑倒下。

另一个人给他留下了一把枪和5发子弹，并叮嘱他："3小时后，每隔半小时向天空放一枪，我会尽快回来的。"说完，这个人就找水去了。

中暑的那个人在沙漠里焦急地等待。

时间是那样难熬，好不容易才过了两个半小时，他忍不住了，鸣响了第一枪；然后，第二枪、第三枪、第四枪也相继鸣响。可是找水的伙伴还是无影无踪。

只剩下最后一颗子弹了，怎么办？如果最后一颗子弹还不能唤回伙伴的话，自己就会被酷热的沙漠灼烤着痛苦地死去。

他一次次地问自己"怎么办""怎么办"，最后，他完全失去了信心和毅力，把最后的子弹，也就是第五颗子弹对准了自己的头打响了。

可是，他万万没有想到的是，正是这最后的第五颗子弹鸣响的时候，伙伴回来了，手里拿着满壶的清水……

在生活中，每个人都会遇到各种各样的难关。此时，我们只有两种选择：**要么逃避，甚至于像那位中暑的人那样，用第五颗子弹结束自己的生命**；要不就咬紧牙关挺过去。显然，任何人都应该作第二种选择。因为，只有挺过去，才能为自己赢得机会——生命的机会！

心灵悄悄话

毋庸置疑，个人决策由于决策灵活、迅速，善于解决突发性紧急问题而为人所接受，如是在一个变革期间，局势瞬息万变，不确定性因素较多，制定决策所需要的信息也不充分，这时就需要一位富有远见和魄力的强势人物制定个人策略，并且以较为强势的精神贯穿到执行过程中。

做个有心的听者

　　少说多听，会更利于谈判者抓住对方的种种细节，以便找准突破口，使谈判成功。工于心计的谈判高手，往往用不到两分钟的时间介绍自己，而留下 20 分钟让对方发言。

　　倾听是了解对方需要、发现事实真相的最简捷的途径。谈判是双方沟通和交流的活动，掌握信息是十分重要的。一方不仅要了解对方的目的、意图，还要掌握不断出现的新情况、新问题。因此，谈判的双方都十分注意收集整理对方的情况，力争了解和掌握更多的信息，但是没有什么方式能比倾听更直接、更简便地了解对方的信息了。

　　倾听能使你更真实地了解对方的立场、观点、态度，了解对方的沟通方式、内部关系，甚至是小组内成员的意见分歧，从而使你掌握谈判的主动权。

　　日本某公司在与美国某公司因购买设备而进行的谈判中，接连派出 3 个谈判小组，都是只提问、记录，而美方则滔滔不绝地介绍，把他们自己的底细全盘交给了日本人。当然，结果是日本人大获全胜，以最低的交易条件争取到最大的利益。可见，会利用倾听也是一种非常有用的谈判战术。

　　其实，现在我们处在一个信息爆炸的时代。机遇就来自这浩如烟海的资讯，有时，一句话、一则消息、一件微不足道的小事，就包含着难得的机遇，关键看你是否善于倾听，留心这些信息以及如何对待它，能不能及

时抓住它。

香港有"假发业之父"称号的刘文汉则是靠餐桌上的一句话抓住机遇的。

1958 年，不满足于经营汽车零配件的小商人刘文汉到美国旅行，考察商务。有一天，他到克利夫兰市的一家餐馆同两个美国人共进午餐，美国人一边吃、一边叽哩呱啦谈着生意经，其中一个美国人说了一句只有两个字的话："假发。"刘文汉眼睛一亮，脱口问道："假发?"美国商人又一次说道："假发。"说着，拿出一个长的黑色假发表示，他想购买 13 种不同颜色的假发。

像这样餐桌上的交谈，在当时来说，只不过是商场上普通的谈话，一句只有两个字的话，按说也没什么特殊的意义和价值，但是，言者无意，听者有心。刘文汉凭着他那敏捷的头脑，很快就作出了判断：假发可以大做一番文章。这顿午餐，竟成了刘文汉发迹的起点。

他经过一番苦心的调查了解发现，一个戴假发的热潮，正在美国兴起，在刘文汉面前展现了一个十分广阔的市场。他一回香港，就马不停蹄，开始对制造假发的原料来源进行调查。他发现，把从印度和印尼输入香港人发（真发）制成各种发型的发笠（假发笠），成本相当低廉，最贵的每个不超过 100 港元，而售价却高达 500 港元。刘文汉喜出望外，算盘珠一拨，立即作出决定：在香港创办工厂，制造假发的专家到哪里去找? 刘文汉又陷入了苦恼和焦虑。一天，一位朋友来访，闲谈中提到了一个专门为粤剧演员制造假须假发的师傅。刘文汉不辞辛苦地追踪开了，终于找到了他。可是，这位高手制造一个假发，需要 3 个月的时间! 这样怎么能做生意? 怎么办? 刘文汉的思路没有就此停止，他在头脑中飞快地将手工操作与机器操作联系起来，终于想出了办法。把这位独一无二的假发"专家"请来，再招来一批女工，精通机械之道的刘文汉又改造了几架机器，他手把手地教工人操作，由老师傅把质量关，发明与生产同步进行，世界第一个假发工厂就这样建成了。

各种颜色的假发大批量地生产出来,消息不胫而走,数千张订货单雪片般飞来,刘文汉兜里的钞票也与日俱增,到了 1970 年,他的假发销售额突破了 10 亿港元,并当选为香港假发制造商会的主席。

说起来,机遇对于每个人都是公平的,她不在等待中出现,更不在幻想中降临,她只偏爱那些专注细节、善于留心各种信息的人们,偏爱那些时刻奋斗着的人们。

心灵悄悄话

个人决策的结果与决策者预见性等各项能力息息相关,决策者将起决定性作用。集体决策可以集思广益,但关键时刻无法当机立断。双方各有利弊,优越性与局限性并存。需要有机结合,取长补短,才能达到最好效果。

看准时机,敢于冒险

面对机遇,如果少几分瞻前顾后的犹豫,多几分义无反顾的勇气,说不定会闯出"柳暗花明"来。

19 世纪中叶,美国人在加利福尼亚州发现了金矿,这个消息就像长上了翅膀,很快就吸引了很多的美国人。在通往加利福尼亚州的每一条路上,每天都挤满了去淘金的人。他们风餐露宿,日夜兼程,恨不得马上就赶到那个令人魂牵梦萦的地方。

在这些做着美梦的人流中,有一个叫菲利普·亚默尔的年轻人,他当年才 17 岁,是一个毫不起眼的穷人。

就是这个亚默尔,后来却干出了使人感到很惊奇的事情。到了加利福尼亚州之后,他的"黄金梦"很快就破灭了:各地涌来的人太多了,茫茫大荒原上挤满了采金的人,吃饭喝水都成了大问题。

刚开始的时候,亚默尔也跟其他人一样,整天在烈日下拼命地埋头苦干,每天都是口干舌燥,一般人无法忍受这种折磨。

亚默尔很快就意识到,在这里,水和黄金一样贵重。他曾经不止一次地听到有人说:"谁给我一碗凉水,我就给他一块金币!"可是很多人都被金灿灿的黄金迷住了,没有人想到去找水。

亚默尔想到了,他很快就下了决心,不再淘金了,弄水来卖给这些淘金的人,赚淘金者的钱。

卖水其实很简单,挖一条水沟,把河里的水引到水池里,然后用细沙过滤,就可以得到清凉可口的水了。他把这些水分装在瓶里,运到工地上去卖给那些口干舌燥的人。那些人一看到水,就像苍蝇发现血迹,一下子就拥了过来,纷纷慷慨解囊,拿出自己的辛苦钱来买亚默尔的水解渴。

看到亚默尔的举动,很多淘金者都感到很可笑:这傻小子,千里迢迢跑到这里来,不去挖金子,而干这种玩意儿,没出息!

这本身就是一种大胆的决策,亚默尔自然不会被这些话吓回去,依然我行我素,天天坚持不懈,一直在工地上卖水。

经过一段时间,很多淘金者的热情减退了,本钱用完了,血本无归,两手空空地离开了加利福尼亚。亚默尔的顾客越来越少,"点水成金"已经成为明日黄花,他也应该走人了。

这时,他已经净赚了6000美元,在那个年代,已经是一个小富翁了。

追求成功的人不害怕犯错,更不会因一时的错误就谴责自己,不原谅自己。因为他们知道,害怕犯错实际上是一个最大的错误,因为它制造了恐惧、疑惑和自卑,这些使他们不能够放开心志,瞄准时机,不敢去冒险和尝试。

有一次,但维尔地区经济萧条,不少工厂和商店纷纷倒闭,被迫贱价抛售自己堆积如山的存货,价钱低到1美元可以买到100双袜子。

那时,约翰·甘布士还是一家织制厂的小技师。他马上把自己积蓄的钱用于收购低价货物,人们见到他这股傻劲,都公然嘲笑他是个蠢材!

约翰·甘布士对别人的嘲笑漠然置之,依旧收购各工厂和商店抛售的货物,并租了很大的货仓来贮货。

他妻子劝他说,不要把这些别人廉价抛售的东西购入,因为他们历年积蓄下来的钱数量有限,而且是准备用作子女教养费的。如果此举血本无归,那么后果便不堪设想。

对于妻子忧心忡忡的劝告,甘布士笑过后又安慰她道:

"3个月以后,我们就可以靠这些廉价货物发大财了。"

甘布士的话似乎兑现不了。

过了10多天后,那些工厂即使贱价抛售也找不到买主了,便把所有

存货用车运走烧掉，以此稳定市场上的物价。

他太太看到别人已经在焚烧货物，不由得焦急万分，抱怨起甘布士。对于妻子的抱怨，甘布士一言不发。

终于，美国政府采取了紧急行动，稳定了但维尔地区的物价，并且大力支持那里的厂商复业。

这时，但维尔地区因焚烧的货物过多，存货欠缺，物价一天天飞涨。约翰·甘布士马上把自己库存的大量货物抛售出去，一来赚了一大笔钱，二来使市场物价得以稳定，不致暴涨不断。

在他决定抛售货物时，他妻子又劝告他暂时不忙把货物出售，因为物价还在一天一天飞涨。

他平静地说：

"是抛售的时候了，再拖延一段时间，就会后悔莫及。"

果然，甘布士的存货刚刚售完，物价便跌了下来。妻子对他的远见钦佩不已。

后来，甘布士用这笔赚来的钱开设了 5 家百货商店，业务量也十分可观。

如今，甘布士已是全美举足轻重的商业巨子了。

在这里应当说，冒险精神不是探险行动，但探险家的行动必须拥有足够的冒险精神。所以，郑和下西洋、张骞出使西域、哥伦布发现新大陆、麦哲伦环球航行，都具备人类最伟大的冒险精神。没有这一点，成功与他们无缘。

一天，有个男孩将一只鹰蛋带回到他父亲的养鸡场。他把鹰蛋和鸡蛋混在一起让母鸡孵化。后来母鸡孵化成功。于是一群小鸡里出现了一只小鹰。小鹰与小鸡们一样生活着，极为平静安适，小鹰根本不知道自己不同于小鸡。

小鹰长大了，发现小鸡们总是用异样的眼神看着自己。它想：我绝不是一只平常的小鸡，我一定有什么的地方不同于小鸡。可是它却无法证明自己的怀疑，为此十分烦恼。直到有一天，一只老鹰从养鸡场上飞过，小鹰看见老鹰自由舒展翅膀，顿时感觉自己的两翼涌动着一股奇妙的力量，心里也激烈地震荡起来。它仰望着高空自由翱翔的老鹰，心中无比美慕。它想：要是我也能像它一样该多好，那我就可以脱离这个偏僻狭小的地方，飞上天空，栖息在高高的山顶之上，俯瞰大地和人间。

可是怎么能够像老鹰一样呢？我从来没有张开过翅膀，没有飞行的经验。如果从半空中坠下岂不粉身碎骨吗？犹豫、徘徊、冲动，经过一阵紧张激烈的自我内心斗争，小鹰终于决定甘冒粉身碎骨的风险，也要尝试一把，于是展翅高飞。

它终于起飞了，飞到了空中。它带着极度的兴奋，再用力往高空飞翔，飞翔……

小鹰成功了。它这才发现：世界原来这么广阔，这么美妙！

小鹰成功的历程，几乎展示了每一个冒险家成功的历程，当我们不满足于眼下平淡的生活，而希望享受到一种新的乐趣的时候，当我们开始厌恶自己现在的生存方式而希望尝试一种更富有创造性的理想的生存方式的时候，我们比照小鹰成功的案例，可以得到这样的启示：

新的生活，理想的人生，就潜伏在看似平常的生存中，只要你能够像小鹰一样找准时机，勇敢地尝试飞翔，勇于冒险，就有机会展示自己超凡的才能，赢得成功。

心灵悄悄话

人们往往把目光盯在自己无用的东西上，拼命地去争取。不如坐下来，看一看自己的身上是否满是累赘，当你放弃了本不该在身上的东西，此时你会突然发现，你已经拥有了你曾争取过而又未得到的东西。

独具慧眼识商机

现在社会里，把握先机变得越来越重要，经商也是这样。人们常常说，时间就是金钱，经营实践也证明，先机就是金钱。谁先抓住先机并迅速采取行动，谁就可能成为赢家。

现在的各厂商都极为重视先机，千方百计地收集商业情报，以做到领先别人，知己知彼，百战不殆。有很多原来一文不名的小人物，由于有着鹰一般的眼光，洞察先机而富甲一方的也并不鲜见。

日本就曾有一位著名的企业家古川久好从报纸上一条普通的小信息敏锐地捕捉到了商机，从而走上发家之路。

年轻时代的古川久好只是一家公司地位不高的小职员，平时的工作是为上司干一些文书工作，跑跑腿，整理整理报刊材料。工作很是辛苦，薪水也不高，他总琢磨着想个办法赚大钱。

有一天，他在经手整理的报纸上发现一条介绍美国商店情况的专题报道，其中有段提到了自动售货机。

上面写道："现在美国各地都大量采用自动售货机来销售商品，这种售货机不需要人看守，一天 24 小时可以随时供应商品，而且在任何地方都可以营业。它给人们带来了方便。可以预料，随着时代的进步，这种新的售货方法会越来越普及，必将为广大的商业企业所采用，消费者也会很快地接受这种方式。前途一片光明。"

古川久好开始在这上面动脑筋，他想：日本现在还没有一家公司经营这个项目，将来也必然会迈入一个自动售货的时代。这项生意对于没有什么本钱的人最合适。我何不趁此机会走到别人面前,经营这项新行业。至于售货机销售的商品,应该是一些新奇的东西。

于是,他就向朋友和亲戚借钱购买自动售货机。他筹到了 30 万日元,当时这一笔钱对于一个小职员来说不是一个小数目。他一共购买了 20 台售货机,分别将它们设置在酒吧、剧院、车站等一些公共场所,把一些日用百货、饮料、酒类、报纸杂志等放入自动售货机中,开始了他的事业。

古川久好的这一举措,果然给他带来了大量的财富。人们头一次见到公共场所的自动售货机感到很新鲜,只需往里投入硬币,售货机就会自动工作,送出你需要的东西。

一般地,一台售货机只放入一种商品,顾客可按照需要在不同的售货机里买到不同的商品,非常方便。

古川久好的自动售货机第一个月就为他赚到了 100 万日元。他再把每个月赚的钱投资于售货机上,扩大经营的规模。5 个月后,古川久好不仅还清了所有的借款,还净赚了 2000 万日元。

古川久好在公共场所设置自动售货机,为顾客提供了方便,受到了欢迎。一些人看这一行很赚钱,也都跃跃欲试。古川久好看在眼里,敏锐地意识到必须马上制造自动售货机。他自己投资成立工厂,研究制造"迷你型自动售货机"。这项产品外观特别娇小可爱,为美化市容增添了不少光彩。

古川久好的自动售货机上市后,市场反应极佳,立即以惊人之势开始畅销。古川久好又因制造自动售货机而大发了一笔。

无数的事实告诉我们,经商者要有鹰一般的眼光、敏锐的头脑,注重市场或大或小的信息的收集、处理和利用,先于对手做出正确的销售、经营决策,才会使你在复杂激烈的市场竞争中找到立身之地,这应该是每一位成功的企业家必备的素质。

全球知名企业"亚马逊"的创始人贝索斯 30 岁时已是某金融公司的副总裁。然而当贝索斯偶然看到"网络用户一年中猛增 23 倍"这样一条

信息后，出人意料地就告别了华尔街，而转创办网上商务。

　　在网络上先卖什么东西好？贝索斯列出了20多种商品，然后逐项淘汰，精简为书籍和音乐制品，最后他选定了先卖书籍。为什么作出如此唯一的选择？因为贝索斯在分析过程中发现传统出版业有一个根本矛盾：出版商和发行零售商的业务目标相互冲突。出版商需要预先确定某部图书的印数，但图书上市之前，谁也无法准确预知该书的市场需求量。为了鼓励零售商多订货，出版商一般允许零售商卖不完就退回，零售商看到既然囤积居奇毫无风险，也往往超量定购。贝索斯一针见血地说："出版商承担了所有的风险，却由零售商来预测市场需求量！"

　　贝索斯所看到的，其实就是经济活动中无法彻底根除的一种弊病：市场需求与生产之间的脱节。他自信，运用互联网，省略掉商品流通一系列中间环节，顾客直接向生产者下订单，就可以真正做到以销定产。

　　4年之后，贝索斯创办的"亚马逊"的市值已经超过400亿美元，拥有450万长期顾客，每月的营业额数亿美元，杰夫·贝索斯也成为全球年轻的超级大富豪。

　　贝索斯之所以成功，是他独具慧眼，敏感地认识到网络里有无限商机，跟着又发现和利用了别人没有解决的供销方面的矛盾——这是一座大有开发价值的宝山；经过精心筛选，他找到了一个切入点——网上卖书；利用美国的风险基金，经过锲而不舍的努力，他终于走向辉煌。

　　其实，在社会中闯荡的每一位成功者，他们之所以能够超越常人，捕获商机，就在于他们利用自己丰富的阅历、非凡的智慧、敏锐的眼光，发现和察觉了平凡中的不平凡，寻常中的不寻常。

　　麦当劳有今天的地位，主要不是由于麦氏兄弟，而是由于一个叫克罗克的推销员。他第一次接触麦当劳，已经52岁了。从世界超大型公司的创始里程来看，他也许是最老的。

　　克罗克曾回忆说："踏进餐厅的那一刻，我震惊了。我感到，准备多年,我终于找到我潜意识里要寻找的东西。"克罗克凭什么来寻找呢？经验和直觉。在此之前,他已做了 25 年的推销员。

那是 1954 年,在一个中午,克罗克走进了麦当劳餐厅,去推销他该死的奶昔机。小小的停车场,差不多挤着 150 个人,而麦当劳的服务是快速作业,15 秒钟就交出客人的食物。

克罗克激动了,来不及思考,经验告诉他,自己要面对一个全新的世界了,在成千上万的地方开麦当劳餐厅。

不过,当与麦当劳兄弟谈判时,克罗克还念念不忘他的奶昔机。但他很快抓住了关键细节,奶昔机消失了。

与麦当劳一样,可口可乐也不是阿萨·坎德勒发明的,但正是在他手上,可口可乐才成为风靡世界的王牌饮料。这仅仅是因为,发明可口可乐的彭伯顿只完成了科技创新,却不懂得市场价值,而阿萨·坎德勒懂。

阿萨·坎德勒出生在佐治亚的医生家庭,南北战争打破了他的学习生涯,19 岁的他在一家小药店打工,干了两年半。考虑到前途,他离开小地方,去到亚特兰大。大城市是孕育大成功的土壤。

在跟别人打工 7 年之后,阿萨·坎德勒开了一家药材公司,这对可口可乐的发展是极其重要的,因为他由此获得了丰富的商业经验。在后面的叙述中,我们会感受到,这几年独立经营的经验(而不再是打工),对高度专业化的商业能力的形成是多么的重要。通过这几年的经营,阿萨·坎德勒发现,药房的利润主要不是来自配方,而是出售药材。

阿萨·坎德勒开始着力建设自己的商品体系。在这样的商业背景下,可口可乐出现在他的面前。

1862 年,11 岁的阿萨·坎德勒从一辆装满东西的货车上掉下来,车轮从头上碾过去,造成头部骨折。可怜的小阿萨·坎德勒虽幸免一死,却留下后遗症:偏头痛。于 1886 年,彭伯顿发明可口可乐,把它作为药物来推广。1888 年,阿萨·坎德勒的一个朋友,建议他试试可口可乐。阿

萨·坎德勒照办了,头痛果然减轻。后来,他不断饮用可口可乐,偏头痛竟逐渐好转。这使得身为药剂师的阿萨·坎德勒对可口可乐大感兴趣。经过调查,他发现,彭伯顿并不善于经营,于是他决定入股,把这种优良的"药品"推广开来,并且相信有利可图。

关键的一步是,阿萨发现,把可口可乐作为饮料来卖,市场会大得多。就是这个微妙而伟大的灵感,才有了今天的"可口可乐"。但就阿萨本人来说,他终生都相信可口可乐的医疗价值。阿萨入股可口可乐之后,觉得彭伯顿和参与生产、销售可口可乐原浆的人都没有做好工作。他不想部分地接管一项管理不善的事业。要么不干,要么完全控制!阿萨经营的药剂事业在南方最为兴旺发达,从他的有利地位出发,他认为可口可乐可以大展宏图。果然,在阿萨的精心经营策划之下,"可口可乐"今天已经成为全球流行的饮料品牌。

心灵悄悄话

　　哥顿法:这种方法与头脑风暴法原理相似,先由会议主持人把决策问题向会议成员作笼统的介绍,然后由会议成员(即专家成员)海阔天空地讨论解决方案;当会议进行到适当时机时,决策者将决策的具体问题展示给小组成员,使小组成员的讨论进一步深化,最后由决策者吸收讨论结果,进行最终决策。

只要细心，人生无处不机遇

　　人生无处不机遇，有时别人无意间的一句话，报纸上的一小段文字或许都会成为上帝送给你的一个惊喜，或许是巨大的财富，或许是事业的成功。

　　下面是美国富翁亚默尔发瘟疫财的故事：这个故事发生在 1875 年春天。

　　一天，亚默尔像往常一样在办公室里看报纸，报纸上一条条的小标题从他的眼睛中溜过去，就像小小的溪流一样。突然，他的眼睛发出了光芒，他看到了一条几十字的短讯："墨西哥可能出现了猪瘟。"

　　这几个字实在是太平凡了，在别人看来，这有什么好惊奇的呢？可是他立即想到，如果墨西哥出现猪瘟，就一定会从加利福尼亚、得克萨斯州传入美国。一旦这两个州出现猪瘟，肉价就会飞快上涨，因为这两个州是美国肉食生产的主要基地。

　　他的脑子还正在运转，手已经抓起了桌子上的电话，问他的家庭医生是不是要去墨西哥旅行。家庭医生一时间弄不清什么意思，满脑子的雾水，不知道怎么回答。

　　亚默尔只简单地说了几句，就又对他的家庭医生说："请你马上到野炊的地方来，我有要事与你商议。"

　　原来那天是周末，亚默尔已经与妻子约好，一起到郊外去野餐，所以，他把家庭医生约到了他们举行野餐的地方。

　　他、他的妻子和他的家庭医生很快就聚集在一起了，他满脑子都是

钱,对野餐已经失去了兴趣。他最后说服他的家庭医生,请他马上去一趟墨西哥,证实一下那里是不是真的出现了猪瘟。

医生很快证实了墨西哥发生猪瘟的消息,亚默尔立即动用自己的全部资金大量收购佛罗里达州和得克萨斯州的肉牛和生猪,很快把这些东西运到美国东部的几个州。

不出亚默尔的预料,瘟疫很快蔓延到了美国西部的几个州,美国政府的有关部门下令一切食品都从东部的几个州运往西部,亚默尔的肉牛和生猪自然在运送之列。

由于美国国内市场肉类产品奇缺,价格猛涨,亚默尔抓住这个时机狠狠地发了一笔大财,在短短的几个月时间内,就足足赚了900多万美元。

事后,亚默尔还感到很后悔,他本来是想叫他的家庭医生当天就到墨西哥去的,由于野餐白白地耽搁了一天时间,使自己整整少赚了100多万美元。

他之所以能够赚到这样一大笔别人没有赚到的钱,就是因为他比别人的消息灵通一点,抓住一个有用的信息并充分地发掘出信息的最大价值。

任何机会,归根结底都是信息,收集的信息越多,获取的机会也就越多,这是不证自明的道理。

对商业企业来说,信息是命根子,是企业取得最佳经济效益的根本保证。

信息就是金钱,信息也是机会,谁对得到的信息反应最为敏捷,并迅速采取行动,谁就占有了机会。

在日常生活中,我们经常可以听到这样的事:一条信息救活了一家企业,一条信息赚了很多很多的钱,一条信息使一个穷光蛋一夜间变成了富翁……这就需要你去留心这些信息。

曾经有一位商人,在与朋友的闲聊中,朋友说了一句话:今年滴水未降，但据天气预报部门预测，明年将是一个多雨的年份。

说者无心，听者有意。商人从朋友的话里，发现了这是一个商业机会，什么与下雨关系最密切呢？当然是雨伞。

说干就干，商人着手调查今年的雨伞销售情况。结果是大量积压。于是他同雨伞生产厂家谈判，以明显偏低的价格从他们手中买来大量雨伞囤积。

转眼就是第二年，天气果然像预测的那样，雨果真下个没完。商人囤积的雨伞一下子就以明显偏高的价格出了手，仅此一个来回，商人一年时间里就大赚了一笔。

现代社会里，信息变得越来越重要，对于人们的生活和事业的成功更起着非常重要的作用，信息抓得越快越准，获取的机会就会越大越多。

期货市场是投机者的乐园，搞期货交易的人必须要深谋远虑，要在别人之前抢先抓住机遇，才能够赚大钱。王志远初入期货市场，对期货一无所知，但是他凭着对于投机的灵感，而做成了一笔又一笔的大生意。

所以说抓住机遇，也是一种投机，但是在这里所说的投机并不是所谓的巧取豪夺，尔虞我诈，而是说善于观察和利用时机来取得成功，看准了时机，敢于冒险，凭着一种直觉和毅力，全身心地投入进去，在别人意想不到的地方获取巨额的财富。

有一次，一位布厂老板让王志远替他买下100张日本棉纱合约，他以为日本的棉纱行情不错，一定可以赚一大笔。谁知事与愿违，不久之后，日本市场疲软，这批期货一个多月都无法脱手，资金积压，造成流通不畅。王志远和布厂老板都仿佛捧着一盆热炭，急得像热锅上的蚂蚁。

正在此时，中国唐山发生了大地震。而唐山是红豆的主产区，这次地震一定会大大减少红豆的产量。王志远听到了这个消息，灵机一动，他感到机遇来了，于是马上去见了布厂老板，对他讲了自己的想法。

第二天，王志远买下了100张红豆合约。别人觉得很奇怪，既然那

100 张棉纱合约都已经被套牢了,怎么还那么大胆去买进 100 张红豆合约呢?他们都认为王志远初涉期货市场,对此一无所知,有些人好心地劝他,有些人则冷嘲热讽,但王志远并没有理会。

不久之后,红豆价格暴涨。王志远将手中的合约尽数抛出,所赚取的钱除了弥补由于买入棉纱合约的损失,还另获了一大笔利润,布厂老板笑逐颜开,连声赞叹王志远的敏锐眼光。

王志远从这件事上了解到要在期货市场有所成就,就必须要充分掌握信息,并且还要通识各种知识,之后,他勤奋自学,并且时时关注一切可能引起期货市场波动的信息。

有一次,王志远从电视上看到沙特阿拉伯提高石油价格的新闻,一下子从床上跳起来,衣服都没有穿就马上打电话下单买入香港"九九"金。

果然,一天不到,金价开始暴涨。一夜之间,王志远的每张合约就净赚了 10 多万港元。

就这样,王志远以其特有的直觉和敏感留心每一个细小的信息,在期货市场中如鱼得水,赚得了大钱,获得了巨大的成功。

其实,在现代社会中如果能留心市场上所谓的"零次信息",也会带给人们巨大的利益。

所谓"零次信息",指的是那些内容尚未经专门机构加工整理就直接作用于人的感觉的信息情报。比如,"一句话""一点灵感""一丝感觉""一个突出点子"等均可称为"零次信息"。

这些"零次信息"产生于日常生活中,存在于平民百姓间,无需支付任何费用,任何人都可以获得,任何企业都可以利用。正因为如此,它们总是不被人看重,常常得不到利用。但是,也有一些有眼光的经营者却依靠利用开发"零次信息"而获得了滚滚财源。例如,十几年前,冰箱都是单门的,日本三洋电机公司生产的冰箱也不例外。有一天,该公司一技术人员偶尔听到用户的一句无心话:"每天打开冰箱门拿东西,冰箱里的冷气大量外泄,很可惜。要是将冰箱的外门制成上下两半,拿东西只需开一半,那就能节省很多冷气了。"这句话竟产生了三洋公司的畅销产品"双门冰箱"。

　　日本三洋电机公司成功的关键就在于他们利用了别人不注意的"零次信息"。可惜的是,我们生活中的许多非常有价值的"零次信息"却一直在闲置,得不到开发利用。诚然,投资这类前所未有的"零次信息"是要担很大风险的,有可能令投资者亏本破产。但是,我们也应该知道,"无限风光在险峰",风险大的投资也是利润最丰厚的投资。难怪有专家认为:一个"零次信息"有可能使穷汉变成富翁,一个"零次信息"可以让一个企业起死回生乃至兴旺发达。的确,"零次信息"反映的都是人们在生活中碰到的不便或需求,每一个"零次信息"的背后隐藏的就是一块很有开发价值的市场处女地。

心灵悄悄话

　　管理者一旦确定了需要注意的问题,就对解决问题中起重要作用的决策标准加以确定,就是说,管理者必须确定什么因素与决策相关。这些标准注注反映了决策者的想法,与决策是相关的。一般而言,决策标准体现组织目标,因为组织所要达到结果的数量和质量都会对于行动路线的选择和方案的抉择起着最终的指导作用。

善于从细节中发现机会

许多人在追求机会的道路上，虽穷尽心力，但终究得不到幸运女神的青睐，对于这种人，最好的方法就是让他另辟蹊径从细节中找寻机会。

机会虽然比比皆是，但追求机会的人更是多如繁星，在人们所熟知的行业中，机会和追求机会的人之间的比例是严重失调的，可惜，许多人虽然意识到了这一点，却还是拼死要往里钻，结果不但没能得到命运的垂青，反而浪费了自己的大好青春。

事实上，在每一个地方，都有机会的存在，善于抓住机会的人，就懂得往人少的地方去，如果某个地方只有你一个人，那岂不是意味着这里所有的机会都只是属于你一人吗？

学会独辟蹊径，并从人生的细处经营，将使你的人生柳暗花明又一村。

1973年，年仅15岁的格林伍德收到别人送给他的圣诞礼物——一双滑冰鞋，他非常高兴，因为他一直渴望有滑冰的机会。这个愿望终于实现了。

拿到这件礼物后，格林伍德马上就跑出屋子，到离家很近的结了冰的河面上去溜冰。可能是他初次出来溜冰的原因，他感觉天气太冷了，一溜冰，耳朵被风吹得像刀子割似的发疼。他戴上了皮帽子，把头和腮帮捂得严严实实，结果时间长了，又闷又热，直流汗。

格林伍德想，应该做一件能专门捂住耳朵的东西。他终于琢磨出一个大概的样子，回家后请妈妈照他的意思做。妈妈摆弄了半天，给他缝了一双棉耳套。

格林伍德戴上棉耳套去溜冰时，果然很起保暖作用。一些朋友看见，都向他要。格林伍德和妈妈商量了以后，把祖母请来，一起做耳套。经过几次修改，耳套做得更适用、更美观了。格林伍德把它称作"绿林好汉式耳套"，并且向美国专利局申请了专利。

你也许会问，一副耳套值多少钱？申请专利又有什么用？你如果这样想，很遗憾，类似的机遇你一生也抓不住、看不见。

告诉你，格林伍德后来成为世界耳套生产厂的总裁，因为这项专利，他成了千万富翁。

你会领悟点什么了吧？这种生活中司空见惯的东西，换个角度去看去想，往往会发现其中隐藏了许多机遇。

机遇是那样广泛地存在，它又是那样的公平与客观。当你失去机遇时，你不能怪谁，只能怪自己。它一直在那儿，你却没发现。别人发现了，那是因为脑筋转得快。机遇可不会主动投怀送抱。

多年前，美国兴起石油开采热。有一个雄心勃勃的小伙子，也来到了采油区。但开始时，他只找到了一份简单枯燥的工作，他觉得很不平衡：我那么有创造性，怎么只能做这样的工作？于是便去找主管要求换工作。

没有料到，主管听完他的话，只冷冷地回答了一句："你要么好好干，要么另谋出路。"

那一瞬间，他涨红了脸，真想立即辞职不干了，但考虑到一时半会儿也找不到更好的工作，于是只好忍气吞声又回到了原来的工作岗位。

回来以后，他突然有了一种感觉：我不是有创造性吗？那么为何不能就从这平凡的岗位上做起呢？

于是，他对自己的那份工作进行了细致的研究，发现其中的一道工序，每次都要花 39 滴油，而实际上只需要 38 滴就够了。

经过反复试验，他发明了一种只需 38 滴油就可使用的机器，并将这一发明推荐给了公司。可别小看这 1 滴油，它给公司节省了成千上万元的成本。

你知道这位年轻人是谁吗？他就是洛克菲勒，美国最有名的石油大王。

上述故事说明了一个道理：**在任何单位、任何机构，能够主动运用智慧去工作，善于从细节中发现问题的人，最容易脱颖而出。**

有一年，松下公司要招聘一名高级女职员，一时应聘者如云。经过一番激烈的比拼，山川季子、原亚纪子、宫崎慧子 3 人脱颖而出，成为进入最后阶段的候选人。3 个人都是名牌大学的高材生，又是各有千秋的美女，条件不相上下，竞争到了白热化状态。她们都在小心翼翼地做着准备，力争使自己成为"笑到最后"的胜利者。

这天早上 8 点，3 人准时来到公司人事部。人事部部长给她们每人发了一套白色制服和一个精致的黑色公文包，说："3 位小姐，请你们换上公司的制服，带上公文包，到总经理室参加面试。这是你们最后一轮考试，考试的结果将直接决定你们的去留。"3 位美女脱下精心搭配的外衣，穿上那套白色的制服。人事部部长又说："我要提醒你们的是，第一，总经理是个非常注重仪表的先生，而你们所穿的制服上都有一小块黑色的污点。毫无疑问，当你们出现在总经理面前时，必须是一个着装整洁的人，怎样对付那个小污点，就是你们的考题；第二，总经理接见你们的时间是 8 点 15 分，也就是说，10 分钟以后，你们必须准时赶到总经理室，总经理是不会聘用一个不守时的职员的。好了，考试开始了。"

3 个人立即行动起来。

山川秀子用手反复去揩那块污点，反而把污点越弄越大，白色制服最终被弄得惨不忍睹。山川秀子紧张起来，红着脸央求人事部部长能否给她再换一套制服，没想到，人事部部长抱歉地说："绝对不可以，而且，我认为，你没有必要到总经理室去面试了。"山川秀子一下子愣住了，当她知道自己已经被取消了竞争资格后，眼泪汪汪地离开了人事部。

与此同时，原亚纪子已经飞奔到洗手间，她拧开水龙头，撩起自来水开始清洗那块污点。很快，污点没有了，可麻烦也来了，制服的前襟处被浸湿了一大片，紧紧贴在身上。于是，原亚纪子快步移到烘干器前，打开烘干器，对着那块浸湿处烘烤着。烤了一会儿，她突然想起约定的时间，抬起手腕看表：坏了，马上就到约定时间了。于是，原亚纪子顾不得把衣服彻底烘干，赶紧往总经理室跑。

赶到总经理室门前，原亚纪子一看表，8点15分，还没迟到。更让她感到庆幸的是，白色制服上的湿润处已经不再那么明显了，要不是仔细分辨，根本看不出曾经洗过。何况堂堂大公司总经理，怎么会死盯着一个女孩的衣服看呢？除非他是一个色鬼。

原亚纪子正准备敲门进屋，门却开了，宫崎慧子大步走出来。原亚纪子看见，宫崎慧子的白色制服上，那块污迹仍然醒目地躺在那里。原亚纪子的心里踏实了，她自信地走进办公室，得体地道声："总经理好。"总经理坐在大班桌后面，微笑地看着原亚纪子白色制服上被湿润的那个部位，好像在"分辨"着什么。原亚纪子有点不自在。

这时，总经理说话了："原亚纪子小姐，如果我没有看错的话，你的白色制服上有块地方被水浸湿了。"原亚纪子点了点头。"是清洗那块污渍所致吗？"总经理问。原亚纪子疑惑地看着总经理，点了点头。总经理看出原亚纪子的疑惑，浅笑一声道："污点是我抹上去的，也是我出的考题。在这轮考试中，宫崎慧子是胜者，也就是说，公司最终决定录用宫崎慧子。"

原亚纪子感到愕然："总经理先生，这不公平。据我所知，您是一位见不得污点的先生。但我看见，宫崎慧子的白色制服上，那块污点仍然清晰可见。"

"问题的关键是，宫崎慧子小姐没有让我发现她制服上的污点。从她走进我的办公室，那只黑色公文包就一直优雅地横在她的前襟上，她没

有让我看见那块污迹。"总经理说。

原亚纪子说："总经理先生,我还是不明白,您为什么选择了宫崎慧子而淘汰了我呢? 我准时到达您的办公室,也清除了制服上的污点,而宫崎慧子只不过耍了个小聪明,用皮包遮住了污点。应该说,我和宫崎慧子打了个平手。"

"不。"总经理果断地说,"胜者确定是宫崎慧子,因为她在处理事情时,思路清晰,善于分清主次,善于利用手中现有的条件,她把问题解决得从容而漂亮。而你,虽然也解决了问题,但你却是在手忙脚乱中完成的,你没有充分利用你现有的条件。其实,那只公文包就是我们解决问题的杠杆,而你却将它弃至一旁。如果我没有猜错的话,你的'杠杆'忘在洗手间里了吧?"

原亚纪子终于信服地点了点头。总经理又微笑着说:"如果我没猜错的话,宫崎慧子小姐现在会在洗手间里,正清洗她前襟处的污渍呢。"

宫崎慧子就这样因为一个极小的细节取得了成功。但在这小小的细节上凝集着她超人的智慧和细心。

有人说,成功 = 才能 + 机遇。才能是内因,机遇是外因。但人生中却有许多的人空叹一身的才能,缺少的只是在细节中找寻机遇的眼睛。

心灵悄悄话

不确定型决策是指在不稳定条件下进行的决策。在不确定型决策中,决策者可能不知道有多少种自然状态,即便知道,也不能知道每种自然状态发生的概率。常用的不确定型决策方法有小中取大法、大中取大法和最小最大后悔值法等。

留意生活就有启发

　　苹果落地、壶盖被蒸汽顶起的自然现象，使牛顿和瓦特受到启发，由此产生了对人类进步有着划时代意义的创造。而一个很平常的街景，使一个日本商人突发"灵感"，经过几年的创造，一种"用开水一冲就可以吃"的面条竟神话般地历经40余年而不衰。很少有人知道这种被人称为"方便面"的发明者，就是日本著名的"日清食品公司"的老板安藤百福。

　　年轻时的安藤百福是个安分的日本小商人，他辛勤地经营着一家以加工和出售食品为主的小企业。每天晚上，安藤在回家的途中，总要经过一家小饭铺。每天都看到有很多人在门口排着队，原来是大家结束了一天的工作，都想在这里吃上一碗热汤面。他忽然产生这样一个念头：既然大家都喜欢吃热面条，为什么不可以发明一种"用开水一冲就可以吃"的面条，让大家随时都能吃上？谁也没料到，安藤的这个"一闪念"，最终创造了一个拥有2500亿日元市场的大企业，也使他成为名噪日本的大老板。

　　尽管员工们对安藤的想法反应很冷淡，但安藤还是一步步实现着他的"梦想"。其中经历的种种曲折和辛苦一言难尽，但最终还是在国内市场一炮打响。

　　20世纪60年代，安藤到英、法、美等国家做市场调查，看到欧美人对这种面条的口味是认同的，只是泡面要用碗之类的容器，这对于欧美人来说习惯上还有一点障碍。

　　有一次他看到公司的女雇员吃午饭时，把干面条折断后放进杯子用

开水冲而受启发，安藤就把欧美市场上的产品改成一手就能握住的"杯装面"，即便是在走路时也能吃，结果大受欧美人士的欢迎。随着人们工作节奏的加快，这种"方便面"已经成了上班族的快餐之一，靠"方便面"起家的安藤的小生意也摇身成为赫赫有名的"日清"大公司。

世界上的许多事业有成的人，不一定是因为他比你聪明，而仅仅因为他比你更懂得创造机遇。

弗里德里克出生于美国旧金山的一个中产阶级家庭，少年时期便梦想成为一个成功的商人，由于没有什么太好的机遇，他的心中也时常显得焦躁不安。

在一个很偶然的机会里，他发现，常常被人们废弃的冰块的用途实际上是非常广泛的。而它的主要用途，也就是最普遍、最大众化的用途就是食用。而且，冰块加入水中，或者化为水，就可以成为冷饮。他立即敏锐地发现在气候炎热的地方，这种饮料一定会有广阔的市场。

弗里德里克由此看到了一个潜在的商机。但是，他发现现在自己的当务之急是改变人们的饮用习惯，用冷饮取代人们习以为常的热饮，创造一种冷饮流行的市场局面才可能使冰块销售业务有长足进展。

于是，弗里德里克开始不断地实验创造消费。他试着利用冰块做各种各样的冷饮，并将冰块加入各种酒中勾兑出各种口味的鸡尾酒。经过多次试验，他终于试制出适合于多数人饮用的冷饮。

实验成功之后，他开始思索怎样才能让冷饮自动地成为一种时尚，成为一种备受人们青睐的消费倾向，而不靠自己挨家挨户地去劝说顾客呢？

渐渐地，他观察到人们一般情况下只是在酒店或者热饮店里喝饮料或酒。到了夏天天气炎热的时候，这些酒店生意都不太好，店主也为之烦恼不已。于是，他决定从酒店入手，传播自己创造的时尚。

开始时，他免费给一些小酒店提供冰块，并且教会他们用冰块去做各种冰镇饮品及勾兑各种鸡尾酒；因为这些冷饮在炎热天气下有解暑降温的作用，经冰镇过的各种液体又会变得十分可口，这些饮品便立即在各个地方，尤其是那些气温高而又缺水的地区率先风靡起来。

于是，许多店主开始纷纷仿效他的做法，大量购买冰块制作冷饮。

弗里德里克也不失时机地自己经营了一家冷饮店，专营冷饮。一时间，冷饮蔚然成风，人们渐渐改变了以往只喝热饮的饮食习惯，学会了在热天里饮用冷饮止渴。于是，冷饮开始在全国各地广泛地流行起来，成为一新型的健康时尚。

冷饮的风行大大地带动了冰块的销售，一切都如弗里德里克所预料的那样，冰块的销售业务得到了巨大的发展，弗里德里克的一番努力终于使冰块的市场得到第一次的充分发掘，他的心态开始稳定下来，事业也逐渐从起始的艰难中走出来，开始慢慢向成功的高峰挺进。

抓住机遇就意味着成功，但是，创造机遇并非一蹴而就，它需要人们以百倍的勇气和耐心在崎岖的道路上慢慢摸索；机遇又往往在险峰之间，它只钟情于那些不畏艰难困苦的人。一个少年时的梦想使弗里德里克从灰色的现实中破冰而出，他的成功缘于机遇与奋斗。

心灵悄悄话

小中取大法：采用这种方法的管理者对未来持悲观的看法，认为未来会出现最差的自然状态，因此不论采用哪种方案，都只能获取该方案的最小收益。